Harald Hahn (Hrsg.)

Theater der Unterdrückten als Mosaikstück gesellschaftlichen Wandels

Einblicke, Ansichten und Projekte

BERLINER SCHRIFTEN ZUM THEATER DER UNTERDRÜCKTEN

Herausgegeben von Harald Hahn

ISSN 1863-2106

4 *Jens Clausen, Harald Hahn, Markus Runge (Hrsg.)*
Das Kieztheater
Forum und Kommunikation für den Stadtteil
ISBN 978-3-89821-985-3

5 *Hjalmar Jorge Joffre-Eichhorn*
Wenn die Burka plötzlich fliegt
Einblicke in die Arbeit mit dem Theater der Unterdrückten in Afghanistan
Zweite, überarbeitete und erweiterte Auflage
ISBN 978-3-8382-0472-7

6 *Birgit Fritz*
Von Revolution zu Autopoiese: Auf den Spuren Augusto Boals ins 21. Jahrhundert
Das Theater der Unterdrückten im Kontext von Friedensarbeit und einer Ästhetik der Wahrnehmung
ISBN 978-3-8382-0553-3

7 *Linda Ebbers*
Darstellende Kunst und zivile Konfliktbearbeitung
Das Theater der Unterdrückten als kreative Methode der Konflikttransformation
ISBN 978-3-8382-0566-3

8 *Claus Schrowange*
Art and Conscientization
Forum Theatre in Uganda, Rwanda, DR Congo, and South Sudan
ISBN 978-3-8382-0797-1

9 *Harald Hahn (Hrsg.)*
Theater der Unterdrückten als Mosaikstück gesellschaftlichen Wandels
Einblicke, Ansichten und Projekte
ISBN 978-3-8382-1215-9

Der Reihenherausgeber:
Harald Hahn: Diplom-Pädagoge, Systemischer Berater, Theater- und Kulturschaffender aus Berlin. Gründer des Legislativen Theater Berlins.
Kontakt: www.harald-hahn.de

Harald Hahn (Hrsg.)

THEATER DER UNTERDRÜCKTEN ALS MOSAIKSTÜCK GESELLSCHAFTLICHEN WANDELS

Einblicke, Ansichten und Projekte

ibidem-Verlag
Stuttgart

Bibliografische Information der Deutschen Nationalbibliothek
Die Deutsche Nationalbibliothek verzeichnet diese Publikation in der Deutschen Nationalbibliografie; detaillierte bibliografische Daten sind im Internet über http://dnb.d-nb.de abrufbar.

Bibliographic information published by the Deutsche Nationalbibliothek
Die Deutsche Nationalbibliothek lists this publication in the Deutsche Nationalbibliografie; detailed bibliographic data are available in the Internet at http://dnb.d-nb.de.

∞

Gedruckt auf alterungsbeständigem, säurefreien Papier
Printed on acid-free paper

ISBN-13: 978-3-8382-1215-9

Printed in the EU

Inhaltsverzeichnis

Vorwort

Warum ein Sammelband zum Theater der Unterdrückten (TdU) in den „Berliner Schriften"? Gibt es nicht zur Genüge Literatur zum Thema? Auch beim ***ibidem***-Verlag? Dort ist schließlich bereits vor einigen Jahren schon der umfangreiche und lesenswerte Sammelband von Helmut Wiegand, *„Theater im Dialog: heiter, aufmüpfig und demokratisch. Deutsche und europäische Anwendungen des Theaters der Unterdrückten"* erschienen.

Der Hintergrund ist die Anfrage eines geschätzten Kollegen. Hjalmar Jorge Joffe Eichhorn, der Autor von *„Wenn die Burka plötzlich fliegt – Einblicke in die Arbeit mit dem Theater der Unterdrückten in Afghanistan"*, wollte einen Sammelband zum TdU in Bolivien herausgeben. Er bat mich, dafür einen Artikel beizusteuern. Ja, der könne ruhig auch ein wenig polemisch sein. Das Ergebnis war ein Text mit dem Titel „Theater der Unterdrückten zwischen Religion und Neoliberalismus. Gedanken, Einfälle und Polemik eines Ketzers", in dem ich meinem damaligen Ärger über die „Global Player" der internationalen TdU-Szene Ausdruck verlieh.

Aus dem Buchprojekt wurde leider vorerst doch nichts. Wo der Artikel aber nun schon einmal geschrieben war, suchte ich nach Möglichkeiten, ihn interessierten Leser*innen dennoch zugänglich machen zu können. Da sich als Freiberufler im Kulturprekariat ein ganzes Buch nicht mal eben so nebenbei schreibt und es viele Kolleg*innen mit spannenden Perspektiven auf das Thema gibt, machte ich aus der Not eine Tugend: Ich lud eben jene Kolleg*innen ein, ihren speziellen Blick, ihre Fragestellungen und Erfahrungen mit dem TdU in einem Sammelband zum Thema einzubringen.

Kurz vor Vollendung dieses Vorworts dann die Neuigkeit: Hjalmar schrieb mir - das Buch mit meinem Aufsatz darin würde nun doch veröffentlicht! „Ensayando el despertar - Miradas movilizadoras desde el pluriverso del Teatro del Oprimido" wird der Titel sein. So erscheint der Aufsatz nun statt überhaupt nicht gleich zwei Mal, auf Spanisch und auf Deutsch. Nur des anfänglichen Scheiterns wegen sind also zwei Bücher entstanden. Da sind wir mitten drin in den

Themen des Theaters der Unterdrückten: ein geradezu beispielhaftes „Scheitern als Chance"!

In meinem Verständnis gibt es ein vielfältiges Netzwerk von wunderbaren, kreativen Menschen, die die Methoden Augusto Boals in ihrem Leben und Berufsfeld in unterschiedlicher Art und Weise einsetzen und mit ihrer Arbeit einen wichtigen Beitrag für gesellschaftlichen Wandel und die Transformation hin zu einer humaneren Gesellschaft leisten. Das Theater der Unterdrückten ist ein Mosaik aus vielen einzigartigen Edelsteinen. Dieses Buch soll das widerspiegeln.

Hier kommen politisch Aktive zu Wort, die mit theatralen Mitteln der Kunst in Diskurse eingreifen wollen, und die tolle Theaterprojekte realisieren, über die noch nichts publiziert wurde.

So z.B. das innovative Klimafresser-Projekt, das ich dankenswerterweise coachen durfte. Das besondere an diesem Projekt ist der unkonventionelle Umgang mit der Rolle des Jokers: In der Forumtheatersequenz[1] des Aktionstheaters moderiert nicht wie üblich ein*e Moderator*in, sondern eine Spielfigur animiert die Schüler*innen dazu, auf die Bühne zu gehen. In ihrem Beitrag beschreibt Sophia-Marie Bömer die Projektentwicklung und das Theaterprojekt *„Die Klimafresser – Is(s) die Erde gesund"*.

Sanjay Kumar beschreibt in seinem Erfahrungsbericht seine Arbeit mit Geflüchteten in Bielefeld. Einige Aktive konnte ich persönlich kennenlernen, weil sie auf Hiddensee an einem meiner Workshops zu Glück und Glücksverboten teilgenommen haben.[2]

---

1 Das Forumtheater ist eine zentrale Methode im Theater der Unterdrückten. Es wird eine Spielszene auf die Bühne gebracht und die Zuschauer*innen sind nicht nur Zuschauer*innen, sondern Zuschauspieler*innen. Sie können auf die Bühne gehen und die Spielszene verändern, indem sie Spielfiguren austauschen. Anschließend wird über die Veränderung in der Spielszene mit dem Publikum diskutiert.

2 Einmal im Jahr findet seit einigen Jahren auf der wunderschönen Insel Hiddensee mein Theaterlabor zum Thema Glück und Glücksverbote statt. Glück ist in aller Munde, aber was bedeutet es? Und was steht dem entgegen? Darf ich als politisch engagierter Mensch überhaupt glücklich sein? Manchmal können Ideale auch sehr destruktiv sein, z.B. mit einem internalisierten Glücksverbot. Darf mensch angesichts des Elends der Welt glücklich sein? Ist es erlaubt, persönliches, kleines Glück zu erleben? Diese Fragen stehen im Mittelpunkt der Theaterlabore auf Hiddensee.

Friderike Wilckens von Hein gibt uns einen Einblick in ihre Arbeit mit dem Forumtheater in Schulen: Ein Empowerment-Projekt für Kids, damit sie Powerkids werden können.

Dr. Özge Tomruk[3] erweitert die Perspektive mit ihrem Beitrag über ihre interessante Arbeit mit dem „Applied Action Theater™". Da Dr. Özge Tomruk sowohl im TdU als auch im Action Theater versiert ist, ist es eine Bereicherung für diesen Band, von ihr zu lernen, welchen Gebrauchswert das „Applied Action Theater™" für die Praxis im TdU haben kann.

Nach meinem oben schon beschriebenen Beitrag macht sich mein Kollege Jens Clausen, mit dem ich das Legislative Theater Berlin gegründet habe, Gedanken über den Umgang mit Klischees in unserer Theaterpraxis. Mit Jens leitete ich auch über Jahre das Kieztheater Kreuzberg.[4]

In dieser Theatergruppe war Stephan B. Antczack ein engagierter Teilnehmer, inzwischen ist er seit einigen Jahren ein Praktiker des TdU. Sein Beitrag befasst sich mit der „Theaterwerkstatt Mutprobe", die er schon mehrmals geleitet hat und in der er mit Menschen aus suchtbelasteten Familien arbeitet.

Im deutschsprachigen Raum gibt es meiner Meinung nach niemanden, der sich so gut mit den Schriften Augusto Boals auskennt wie Dr. Birgit Fritz. Zahlreiche Bücher hat sie über das Theater der Unterdrückten geschrieben, und auch die Biographie Augusto Boals „Hamlet und der Sohn des Bäckers" hat sie übersetzt. In den letzten Jahren trieb uns die Frage um, inwieweit man die Boalschen Methoden auch in therapeutischen Settings einsetzen kann. Ich machte eine

3 Dr. Özge Tomruk kenne ich schon sehr lange und schätze ihre Arbeit sehr. Sie ist auch Ensemble-Mitglied des Legislativen Theaters Berlin. Sie wirkte in den Produktionen: „Wohin mit Oma" und „Die Menschen sind verschieden - Die Rechte nicht!" mit. Videos und weitere Informationen zu den Theaterstücken des Legislativen Theaters auf www.legislatives-theater.de

4 Über das Kieztheater Kreuzberg ist im *ibidem*-Verlag 2009 das Buch „Das Kieztheater - Forum und Kommunikation für den Stadtteil" erschienen.

Ausbildung zum systemischen Berater[5], Birgit begann eine Ausbildung zur Drama- und Theatertherapeutin. Ihr Beitrag befasst sich deshalb mit TdU und Theatertherapie.

Der letzte Beitrag ist von Fritz Letsch – ein Kaleidoskop über seine vielfältige Arbeit mit dem TdU. Von ihm wollte ich unbedingt einen Beitrag dabei haben, weil es ein Bedürfnis für mich ist, ihn und seine Leistungen zu würdigen. Ohne Fritz Letsch hätte sich das Theater der Unterdrückten in Deutschland niemals so etabliert und durchgesetzt, wie es das dank ihm tun konnte. Er hat Augusto Boal nach München eingeladen, die TdU-Szene vernetzt und das Theater der Unterdrückten in Deutschland von den 70er Jahren bis heute lebendig erfahrbar gemacht. Er hat ganze Generationen mit seinen Workshops geprägt. Danke, Fritz!

Am Ende des Buches gibt es noch jede Menge Spiele und Übungen für Praktiker*innen des TdU. Die Autor*innen waren so freundlich, ihre Lieblingsspiele und Übungen aufzuschreiben, so dass dieser Band nun auch praktisches Handwerkszeug zu bieten hat.

Ganz besonders danken möchte ich zum Schluss Jennifer Rotter, die mir mit Rat und Tat bei dem Buchprojekt zur Seite stand, und dem *ibidem*-Verlag und seiner Mitarbeiterin Valerie Lange. Sie haben diesen Band erst ermöglicht und mir tatkräftig dabei geholfen, das Buchprojekt zu Ende zu bringen.

Harald Hahn
Herausgeber der Berliner Schriften
Berlin 2018

---

5 Inzwischen arbeite ich auch als Supervisor mit Theatermethoden: www.theatrale-supervison.de

Aktionstheater in der politischen Bildungsarbeit „Die Klimafresser - Is(s) die Erde gesund?!"

Sophia-Marie Bömer

„Die Klimafresser" sind ein mobiles Aktionstheater und reisen mit ihrem gelben SCHOOL BUS durch Niedersachsen. Sie kommen in Ihre Schule, Ihr Kultur- oder Stadtteilzentrum.

Vegan, vegetarisch, klimaneutral,
oder ist's sowieso schon egal?

Neben einem interaktiven Theaterstück stellen die Klimafresser viele Fragen, provozieren Antworten und haben vegane Snacks im Gepäck.

Das Theaterstück schafft den Einstieg in den Aktionstag zum Thema „Klimawandel und Ernährung" und begegnet spielerisch und emotional der Frage:

„Was hat das eigentlich alles mit mir zu tun?"

Pia:

„Kann ich nach dem Essen satt und glücklich sein?

Muss erstmal das Schnitzel aus der Packung befreien.

Eine Kuh mit Hörnern schaut mich auf der Wiese an.

Ob das Bild der Packung auch in Realität was kann?

Wahrscheinlich nicht – muss ich mir eingestehen und der Massentierhaltungskuh ins Auge sehen."

1. Der Projektrahmen

Die Autorin

Ich bin in Niedersachsen aufgewachsen. Für mich sind Güllegeruch, mit Nitrat belastete Böden und Megaställe eine Selbstverständlichkeit. Aber das wollte ich nie hinnehmen.

> *„Wenn ich an Massentierhaltung denke, kann ich gar nicht so viel essen, wie ich kotzen möchte."*

Ich habe an der Universität Wien Internationale Entwicklung studiert und mich an der Schule für Clowns in Mainz als staatlich anerkannte Clown-Schauspielerin ausbilden lassen … eine durchaus „komische" Kombination, die es jedoch möglich macht, politische Themen aus einem neuen Blickwinkel zu betrachten und zu vermitteln. Ich möchte Theater mit politischen Inhalten und politischem Lernen verbinden.

Das Team

Die Klimafresser: Andi Geyer (links), Annika Hammer (Mitte) und Sophia-Marie Bömer (rechts)

Die Klimafresser sind ein dreiköpfiges Team: Umweltpädagogin Annika Hammer, Mag. (Internationale Entwicklung), Clown-Schauspieler Andi Geyer und Sophia-Marie Bömer, Mag[a] (Internationale Entwicklung) und staatlich anerkannte Clown-Schauspielerin. Alle drei leben binational: in Österreich und Deutschland und auf der Zugstrecke dazwischen. ;-)

Die Klimafresser sind ein Projekt des VNB e.V. – Verein Niedersächsischer Bildungsinitiativen e.V. –, eine vom Land Niedersachsen anerkannte Landeseinrichtung der Erwachsenenbildung und Träger der Jugendbildung/Jugendhilfe.

Rund um die drei Klimafresser gibt es Support für die Vorbereitung der Projektpartner, die Terminkoordination, Schulkontakte, Abrechnung, Einkauf, Tourassistenz, FOOD BUS-Wartung und und und.

Der VNB

Der VNB e.V. ist in den 1980er Jahren aus der Umwelt-, Eine-Welt- und Friedensbewegung entstanden. Der Schwerpunkt der Arbeit liegt in der selbstorganisierten Bildungsarbeit. Der VNB ist heute ein Bildungsnetzwerk. Drei regionale Geschäftsstellen und die Landesgeschäftsstelle in Hannover koordinieren niedersachsenweit die Zusammenarbeit mit über 200 Bildungsinitiativen und Tagungshäusern.

Wichtige Arbeitsschwerpunkte sind die Bereiche globales und interkulturelles Lernen sowie die geschlechtsbezogene Bildungsarbeit (Bereich Gender). Zu den Leitzielen der VNB-Bildungsarbeit gehören gleichberechtigt die Förderung individueller Selbstverwirklichung, politischer Mitgestaltung und gesellschaftlichen Engagements.

Mit seinen Themen berücksichtigt er insbesondere die aktuellen ökologischen, gesellschaftspolitischen, internationalen und interkulturellen Entwicklungen. Dabei vertritt er ethische Grundsätze der Gewaltfreiheit, Emanzipation, Selbstbestimmung und Solidarität.

Wichtige Bestandteile seines Angebotes sind Nachhaltigkeit im Sinne der Agenda 21, Umweltbildung, Globales Lernen, Geschlechterdemokratie, Antidiskriminierung und Stärkung von Minderheiten sowie Angebote der beruflichen Qualifizierung.

Weitere Infos: www.vnb.de

Der Auftrag: Bildung für nachhaltige Entwicklung

Die Klimafresser haben sich zur Aufgabe gemacht, im Sinne der Bildung für Nachhaltige Entwicklung (BNE), Ansätze individuellen und gesellschaftlichen Wandels zu erarbeiten und aufzuzeigen.

Ziel der Bildung für nachhaltige Entwicklung ist es, jeden Menschen zu zukunftsorientiertem Denken und Handeln zu befähigen. Es wird nach den globalen und zukünftigen Auswirkungen gefragt, die ein einzelner Mensch durch das persönliche Verhalten beeinflussen kann. Dazu zählen u.a. Konsum- und Ernährungsverhalten, aber auch die Wahl der Fortbewegungsmittel und der verbrauchten Energie.

Das Projekt

Ziel des Projektes ist es, Jugendlichen zwischen 11 und 18 Jahren den Zusammenhang zwischen Klimawandel und Ernährung aufzuzeigen und sie anzuregen, sich offen mit der Klimadiskussion auseinanderzusetzen. Des Weiteren werden die Teilnehmer*innen angeregt, ihre „persönliche Mitverantwortung" für den Klimawandel zu entwickeln und praxisorientierte Lösungen zu finden, ihn zu mildern.

Die Klimafresser wollen in diesem Projekt ein komplexes Thema zielgruppengerecht präsentieren und kompetenzorientiert (erkennen, bewerten, handeln) umsetzen.

Wichtig ist es, dass die Teilnehmer*innen den Zusammenhang von Klimawandel und Fleischproduktion verstehen. Am Aktionstag können sie praktische Erfahrungen einer fleischfreien Ernährung sammeln, um so auch die Reduzierung des persönlichen Fleischkonsums in Erwägung zu ziehen. Aber es geht natürlich nicht nur um einen gewissen Fleischverzicht, sondern auch um weitere klimarelevante Aspekte der Ernährung wie Saisonalität, Regionalität, Transportwege und Lebensmittelverschwendung.

Neben der Reflexion der eigenen Ernährungsgewohnheiten möchten die Klimafresser die Teilnehmenden motivieren, sich auch in anderen Feldern des Schulalltags für den Klimaschutz zu engagieren.

Max:

„So'n Schnitzel hat nicht nur was mit meinem leeren Teller zu tun,
sondern mit der Produktion von Treibhausgasen, die wir ständig in die Atmosphäre blasen.
18 % machen Kuh, Schwein und Pute aus, und dann sind sie noch nicht mal tot bei mir zu Haus.
Der Transport wird extra gerechnet."

Die Finanzierung

Das Projekt die Klimafresser wird finanziert von der Niedersächsischen BINGO-Umweltstiftung und dem Niedersächsischen Ministerium für Ernährung, Landwirtschaft und Verbraucherschutz. Das Niedersächsische Kultusministerium unterstützt das Projekt.

Die Teilnehmer*innen zahlen 2 Euro pro Person.

Schirmherr des Projekts ist der Niedersächsische Minister für Ernährung, Landwirtschaft und Verbraucher*innnenschutz, Christian Meyer.

Der Aktionstag

Der Aktionstag „Die Klimafresser – Is(s) die Erde gesund?!" besteht aus vier Elementen: der Ausstellung, dem Aktionstheater, dem Workshop und einer Verkostung. Außerdem gibt es noch eine Medienkiste, die 14 Tage vorher an den Aktionsort zugeschickt wird. Auch die Ausstellung steht vorab für eine inhaltliche Einführung zur Verfügung.

Der Aktionstag startet mit dem Theaterstück.

Im Theaterstück gehen die Zuschauer*innen gemeinsam mit den Protagonisten Pia und Max auf die Suche nach Handlungsmöglichkeiten.

Alles dreht sich um die Frage:

Was können wir – als Jugendliche – machen, um den Klimawandel zu verlangsamen?

Das 60-minütige Stück ist eine Mischung aus Zuschau-, Mitmach- und Forumtheater. Neben vielfältigen Möglichkeiten der Partizipation sorgen artistische Elemente und Livemusik für Spannung und Auflockerung.

Das Ende des Theaterstücks reizt zum Widersprechen und die Jugendlichen werden ermuntert, eigene Ideen und Lösungen zu entwickeln, um die gezeigte Situation zu einem guten Ende zu bringen.

Die im Theaterstück aufgegriffenen Themen werden im anschließenden Workshop vertieft. Im Rahmen des „World Café" bearbeiten die Jugendlichen unterschiedliche Fragestellungen, um Handlungsmöglichkeiten rund um die Themen Klimawandel und Ernährung zu entwickeln. Der Austausch in Kleingruppen bietet die Möglichkeit, unterschiedliche Sichtweisen zu den Themen zu diskutieren und konkrete Lösungen für das eigene Handeln zu entwickeln.

Der Aktionstag fokussiert sich auf Fragen der „Klimaveränderung und ihre Folgen", die „Verhinderung von Klimabelastung durch bewusste Ernährung" wie den (teilweisen) Verzicht auf Fleisch, die Aspekte der „Naturverträglichkeit durch eine Veränderung der landwirtschaftlichen Produktion" und besonders „Was können wir in der Schule/im Alltag tun, um den Klimawandel noch zu verlangsamen?"

Der Tag schließt mit einer Verköstigung aus dem gelben US-amerikanischen SCHOOL BUS ab. Der ehemalige SCHOOL BUS ist zu einen FOOD BUS umgebaut worden. In der rollenden Küche der Klimafresser wird das Essen frisch zubereitet: vegane Snacks – natürlich in Bio-Qualität. Die Verköstigung soll das Projekt um die sensorische Ebene bereichern. Zum Probieren gibt es einen „Möhren-Hot-Dog", den green bunny dog. Statt Würstchen servieren wir eine gekochte, dann marinierte und schließlich angebratene ganze Karotte. Regional. Saisonal. Vegan.

Hotdog-Ausgabe aus dem FOOD BUS

„Unser Ziel ist es, die Teilnehmer*innen mit etwas ihnen Bekanntem abzuholen. Außerdem macht es den Schüler*innen Spaß, ihren Hotdog mit Gemüse und Soßen selbst zu belegen", betont Annika Hammer, „und wir freuen uns auch immer wieder, dass unsere selbstgemachte vegane Hotdogsoße der Renner ist."

Ablauf des Aktionstages im Überblick:

1. Begrüßung
2. Theaterstück
3. Reflexion über das Theaterstück
4. Pause
5. Workshops: World Café - Videos - Klimaquiz
6. Verkostung von veganen Snacks
7. Feedback und Abschluss

2. Das Theaterstück – ein Erfahrungsbericht von der Stückentwicklung bis zur 1. Tour

Die Stückentwicklung

Da wir drei Klimafresser uns schon lange kennen, haben wir uns überlegt, dass wir im Prozess der Stückentwicklung eine*n externe*n Begleiter*in brauchen. Wir wollten keine*n Regisseur*in, da wir ja unser eigenes Stück schreiben wollten. Aber ein*n Begleiter*in würde sicherlich helfen, uns in diesem Prozess nicht zu verlieren und den ein oder anderen Konflikt zu lösen oder zu umschiffen.

Januar bis Februar 2016:

Die erste Reise der Klimafresser ging daher nach Berlin zu unserem Coach Harald Hahn. Tagsüber probten wir und sponnen Ideen und abends futterten wir uns durch die vegane Fastfoodszene Berlins … wir waren nämlich auch noch auf der Suche nach dem idealen veganen Snack für die Verköstigung.

Nach unserem Kick-Off in Berlin gingen die Proben und die Stückentwicklung zu dritt weiter. Vier Wochen später kam Harald Hahn nach Wien, um weiter mit uns zu arbeiten. Als wir ihm erzählten, wir würden in einem österreichischen Keller auf dem Land proben, wurde ihm schon etwas mulmig … Österreichische Keller sind ja nun nicht mit positiven Assoziationen besetzt. Wir verbrachten das Wochenende jedoch in einem gut geheizten Hobbykeller mit proben, proben, proben: Rollenarbeit, Musikauswahl und die ersten Durchläufe standen auf dem Programm. Ein erster Entwurf des Stücks war geboren … wir hatten es geschafft, vieles miteinander zu verbinden: interaktiv und jugendaffin, artistische und musikalische Elemente, die Themen Klimawandel und Ernährung. Und dann noch ein Höhepunkt: wir fanden eine passende Stelle im Stück, in der sich eine Forumtheaterszene einbauen ließ. Unser Theaterstück würde also nicht nur interaktiv sein, sondern auch die Zuschauer*innen direkt auf die Bühne einladen. Wow. Eine ungeahnte und neue Herausforderung.

Zu Ostern wagten wir uns das erste Mal auf die Bühne und spielten den Jugendlichen des Kinder- und Jugendzirkus Barbarella aus

Barnstorf unser Stück vor. Unter den kritischen Augen der Jugendlichen erwachten Pia, Max und Frau Stein, unsere Charaktere aus dem Stück, richtig zum Leben. Das Publikum war begeistert und uns fiel ein riesiger Stein vom Herzen.

Im Anschluss an das Stück saßen wir sicherlich eine Stunde mit den Jugendlichen zusammen und sprachen über ihr Feedback ... sie erzählten uns ehrlich, was sie cool, langweilig oder spannend fanden. Sie weihten uns in „Codes der Jugendlichen" ein (denn wir Spieler*innen sind mittlerweile auch schon um die 30 Jahre alt) und hatten viele Ideen für das Stück.

Wir hatten also wieder genug Input bis zum Sommer, um weiter an unserem Stück zu arbeiten.

Im Juni 2016 ging es mit den Klimafressern das erste Mal auf Tour.

Wir wussten am Anfang des Prozesses schnell, „wohin" wir mit dem Stück wollten. Wir hatten klare inhaltliche Vorstellungen:

jugendaffin, interaktiv und aktivierend mit den Themen Klimawandel und Ernährung agieren, jonglieren, aktivieren.

Im Prozess der Stückentwicklung sind wir immer wieder von der theatralen in die politische Dimension gerutscht und haben Themen wie Ressourcenknappheit, Fleischproduktion und C02-Neutralität diskutiert. Am Ende rauchte uns meistens der Kopf und wir standen vor der nächsten Herausforderung: „Das müssen wir ins Stück integrieren. Aber wie?" Eine große Aufgabe war es für uns, politische Themen auf das Wesentliche zu reduzieren, ohne in Banalität zu verfallen. Für ein Theaterstück durften die Inhalte nicht zu komplex sein, gleichzeitig sollte es aber auch nicht platt rüber kommen.

Daher stellten wir uns im Laufe des Prozesses immer wieder folgende Fragen:

Ist die Szene politisch zu komplex?

Ist sie zu platt?

Ist sie für unsere Zielgruppe verständlich?

Eine weitere Schwierigkeit, die sich uns stellte, war: Wie schaffen wir es, das Thema Klimawandel und Ernährung aufzugreifen, ohne zu sehr den moralischen Zeigefinger zu erheben?

In unserem Stück geht es nicht darum, das Licht abzuschalten, Fahrrad zu fahren und Müll zu trennen, sondern es geht um die Ernährung - ein sehr persönliches Thema. Wir setzen da an, wo es ein bisschen weh tut ... bei den Gewohnheiten und besonders beim individuellen Fleischkonsum. Ein Thema, das immer wieder mit Wohlstand, Männlichkeit und Gesundheit verbunden wird.

Wir stellten immer wieder fest, dass der Einfluss der Ernährung auf den Klimawandel ein Thema ist, das gerne ausgeklammert wird. Dabei beträgt der Anteil der Ernährung am gesamten CO2-Ausstoß um die 18 Prozent.

Pia und Max alias Sophia-Marie Bömer und Andi Geyer

Im Theaterstück wollen wir Wege aufzeigen, wie jede*r von uns im Klimaschutz aktiv werden kann. Wir wollten unsere Zuschauer*innen inspirieren, aber auch aktivieren … Unser Wunsch war es, dass unsere Zuschauer*innen die Ideen aus dem Theaterstück aufgreifen und im Alltag aktiv werden.

Uns war schnell klar: Wer im Alltag aktiv werden soll, sollte auch schon im Theaterstück aktiv dabei sein. Daher entschlossen wir, uns von den Ideen Augusto Boals (Theater der Unterdrückten) inspirieren zu lassen. Auf der Bühne kann man die Realität erproben, betont Boal immer wieder. Das Theater kann die Menschen aus ihrer Passivität herausholen und sie zu aktiven Gestalter*innen ihres eigenen Lebens und des politischen Umfelds machen. Boal will nicht, dass man nur über seine Ziele und Visionen redet, sondern diese im Theater erprobt: So wird Theater eine Probe für die Realität. Mit einer aktiven Handlung im Theater ist man dem aktiven Handeln in der Realität schon einen großen Schritt näher gekommen.

Doch wir wollten kein reines Forumtheater machen. Wir mischten daher Boals Ideen mit unseren Fertigkeiten: Jonglage, Livemusik und einer Prise Clownerie.

Zunächst brauchten wir eine*n Joker*in für unser Stück. Der*die Joker*in hat im Forumtheater die Rolle der Spielleitung – ein*e Vermittler*in zwischen Schauspieler*innen und dem Publikum. Außerdem hat der*die Joker*in die Aufgabe, das Publikum zum Mitmachen und zum Nachdenken zu animieren.

Diese externe Moderationsrolle passt jedoch nicht in unsere imaginierte Welt auf der Bühne. Wir schufen also eine weitere Dimension. Und genau das ist ja das Schöne, das Faszinierende am Theater: Du kannst deine eigene Welt kreieren, es gibt keine Grenzen, nur die deiner eigenen Vorstellungskraft.

Unser*e Joker*in war also keine reine Moderationsrolle, sondern Frau Stein, eine Schriftstellerin, Mitte dreißig, aus Berlin. Frau Stein schreibt die Geschichte und inspiriert das Publikum zur Interaktion. Sie spielt die Rahmenhandlung und kann zwischendurch immer wieder ins eigentliche Theaterstück eingreifen.

Pia und Max alias Sophia-Marie Bömer und Andi Geyer

Das Theatersetting

„Für ein Theaterstück brauche ich auf jeden Fall mal einen Hauptdarsteller. Und den nenne ich Max", überlegt Frau Stein.

Musik an. Max kommt mit Kopfhörern auf die Bühne, packt den Rucksack aus und setzt sich aufs Sofa.

„Und Max hat eine Freundin. Vorsicht, aber nicht, dass das dann eine Liebesschnulze wird.

Max hat einfach eine richtig gute Freundin, die Hauptdarstellerin, sie heißt ... Pia!", tippt Frau Stein in ihren PC.

Musik an. Pia kommt auf die Bühne. Pia und Max begrüßen sich.

Pia und Max alias Sophia-Marie Bömer und Andi Geyer

Pia und Max sind unsere Protagonisten und wir spinnen Geschichten um ihre gemeinsamen Freunde, ihre Beziehung untereinander und ihre unterschiedlichen Zugänge zum Thema Klimawandel und Ernährung.

Unser Bühnensetting sieht folgendermaßen aus: Auf der einen Bühnenhälfte sitzt Frau Stein an ihrem Schreibtisch. In der Rahmenhandlung schreibt sie die Geschichte von Pia und Max. Ihre Ideen werden im eigentlichen Stück auf der anderen Bühnenhälfte lebendig.

In ihrem Schreibprozess kann Frau Stein die Ideen aus dem Publikum aufnehmen und ins Stück einarbeiten. Und wenn sie mal mit der Lösung einer Szene nicht zufrieden war, so werden Teile des Textes gelöscht: Pia und Max lassen dann die Szene in Zeitraffer rückwärts laufen. Pia und Max, bzw. der*die Schauspieler*in Andi und Sophia, sind gefordert, wachsam zu sein, um Spielanregungen aus dem Moment aufzunehmen und in das Stück einfließen zu lassen.

Wir versuchen auch immer, Namen aus dem Publikum - als Freunde von Pia und Max - mit ins Stück einzubauen. Das ist immer ein großer

Lacher, und wir suggerieren, dass das Theater im Hier und Jetzt passiert.

Aber woher wissen wir die Namen?

Zu Beginn des Aktionstages machen wir eine Begrüßung und eine kurze Vorstellung von uns. Dabei erfragen wir immer ein paar Namen und Wohnorte der Zuschauer*innen. Und wenn wir an dieser Stelle wachsam sind, merken wir uns drei Namen, die wir an passender Stelle ins Stück einbauen. Ein großer Lacher ist es natürlich auch, wenn wir die Namen der Lehrer*innen benutzen.

So geht's weiter im Theaterstück:

Durch ein Video im Internet kommen Pia und Max auf das Thema Klimawandel. Pia zeigt Max das Video auf ihrem Fairphone. Die Zuschauer*innen schauen das Video gleichzeitig auf einer Leinwand. Die beiden sind von dem Thema berührt und besuchen ein Treffen, bei dem sich Leute über den Klimawandel austauschen. Die Zuschauer*innen des Theaterstücks werden dann die Teilnehmer*innen dieses Treffens. Gemeinsam wird auf diesem Treffen überlegt: Was können wir tun, um den Klimawandel noch zu verlangsamen? Alle Ideen, die genannt werden, schreibt Frau Stein auf und fügt sie ins Stück ein. Am Ende des Treffens lenken wir die Diskussion (wenn es nicht von selbst kommt) auf die Ebene der Ernährung. Nach dem Treffen diskutieren Pia und Max über ihre Ernährungsgewohnheiten: Max will nun Vegetarier werden. Pia ist das zu krass, sie will an ihrer Ernährung nichts verändern.

Um nicht den Genderklischees zu entsprechen: „dünnes Mädchen ist Vegetarierin" und „sportlicher Typ isst Fleisch" haben wir es im Stück umgedreht: Pia liebt Fleisch. Max will verzichten.

Pia's und Max' Gespräch artet in einen Streit aus, der in einer pantomimischen Kampfszene endet. Am Ende liegen beide am Boden. An dieser Stelle macht Frau Stein eine kurze Publikumsbefragung: Wer kann Pia gut verstehen? Wer ist auf Max' Seite? Und wer steht eher dazwischen?

Frau Stein entschließt sich kurzerhand, diese Szene zu löschen. Max und Pia spielen die Kampfszene nochmal rückwärts und versuchen, eine neue Lösung für ihren Streit zu finden. Max macht deutlich: *„Es gibt ja nicht nur vegan oder vegetarisch, sondern auch flexitarisch. Also flexibel sein, bei dem, was du isst. Nix wird ausgeschlossen. Man ist halt nicht nur Fleischesser und nicht krasser Veganer, sondern man isst halt 1–2 mal die Woche Fleisch."*

Auch hierzu gibt es eine kurze Publikumsbefragung: Wie oft esst ihr Fleisch? Wer ist Vegetarier*in? Wer kann sich vorstellen, Flexitarier*in zu werden?

Bei manchen Wortmeldungen fragt Frau Stein genauer nach und steigt in ein Gespräch ein. Die Zuschauer*innen erzählen dann kurze Eindrücke aus ihrer Realität:

- *„Bei uns gibt's viel vegetarisches Essen, da meine Schwester Vegetarierin ist."*
- *„Mein Lieblingsessen ist Nudeln mit Tomatensoße. Das ist eh ohne Fleisch."*
- *„Ich ess am liebsten Fleisch und kann mir nicht vorstellen, drauf zu verzichten."*
- *„Bei uns zu Hause gibt's voll viel Fleisch, aber ich faste grade (Fastenzeit) auf Fleisch. Meine Mama kocht für mich jetzt extra."*
- *„Ich komme aus dem Libanon und bei uns gibt es viel Essen ohne Fleisch. Am liebsten esse ich Sigara böreği."*
- *„Ich esse voll viel Fleisch, aber wegen der Tiere ist schon krass. Ich werde jetzt Flexitarierin."*

Die Forumtheaterszene

Frau Stein leitet die Gespräche in eine Forumtheaterszene über.

Frau Stein zu einem Jugendlichen: *„Pia konnt ich ja noch nicht motivieren, auf Fleisch zu verzichten. Magst du mit ihr auf der Bühne mal über das Thema reden. Vielleicht kannst du sie ja überzeugen."*

Wenn die angesprochene Person nicht möchte, fragt Frau Stein weiter. Bis jetzt haben wir immer mutige Zuschauer*innen gefunden, die mit Pia auf der Bühne über ihre Ernährung diskutieren. Wir machen meistens drei Szenendurchläufe pro Theaterstück. Wenn sich zu viele Freiwillige melden oder eine Person sich nicht alleine traut, bekommt Pia mehrere Mitspieler*innen.

Sobald Frau Stein eine*n Freiwillige*n gefunden hat, übernimmt Pia dessen Betreuung. In einem kurzen, leisen Gespräch erklärt Pia, was jetzt geschieht: „Wir sitzen auf dem Sofa und reden übers Essen. Erzähl mir von deinem Lieblingsessen ohne Fleisch. Was kennst du Vegetarisches? Du musst richtig laut reden, mich fasst anschreien. Wenn dir nichts einfällt, kein Problem. Dann rede ich weiter."

Frau Stein bereitet gleichzeitig das Publikum vor und mit einer gemeinsamen La-Ola-Welle beginnt die Szene.

Pia und der*die Freiwillige aus dem Publikum spielen dann eine Szene, in der Pia meistens von vegetarischen Essensideen der Freiwilligen überzeugt wird. Die Freiwilligen erzählen ihr auf der Bühne, unter welchen Bedingungen Tiere gehalten werden, vom Klimawandel, dass Kartoffelpüree mit Spinat lecker sei oder dass man im Winter keine Erdbeeren kaufen sollte.

Marlene, eine Freiwillige, erzählte von zu Hause:

„Abends gibt's bei uns immer Salat. Jeder von uns darf dann seine Zutat auswählen."

Pia: *„Oh ja, das klingt gut. Ich würde Hühnchen nehmen. Ich liebe Salat mit Hühnchen."*

Marlene: *„Nein, ohne Hühnchen."*

Pia: *„Wie, ohne??"*

Marlene: *„Ja, wir essen nicht so viel Fleisch. Das ist schlecht für die Umwelt. Außerdem werden Hühner oft sehr schlecht gehalten ... die haben dann voll wenig Platz und müssen Medikamente nehmen und so."*

Pia: *„Ja, das stimmt. Das hab ich auch schon gehört. Aber was tut ihr dann in euren Salat?"*

Marlene: *„Also Salatblätter, Mais, Gurken, Paprika, und mein Papa macht immer leckere Soße dazu."*

Pia: *„Das klingt echt lecker. Das werde ich auch mal ausprobieren."*

Pia und ein Freiwilliger aus dem Publikum

Manchmal hat Pia auch Besuch von Freiwilligen auf der Bühne, die sie nicht von fleischfreier Ernährung überzeugen wollen, sondern genau wie sie Fleisch lieben.

Pia: *„Boa, ich hab voll Hunger. Lass uns Pizza bestellen."*

Sören: *„Ja geil, ich will Salamipizza."*

Pia: *„Am besten mit doppelt Salami."*

Sören: *„Genau!"*

Solche Szenen enden dann in einer Diskussion über den Klimaschutz, den CO2-Ausstoß der Tiere oder die Bedingungen der Tierhaltung im Allgemeinen. Manchmal enden diese Szenen jedoch auch in einer lustigen „Fleischorgie".

Immer wieder hat Pia auch Mädels vom Modell „Anorexia" auf dem Sofa zu Besuch.

Pia: *„Hey Wiebke, wolln wir zusammen in die Mensa gehen?"*

Wiebke: *„Ne, da gibt's immer voll viel Fleisch."*

Pia: *„Na und, ist doch geil."*

Wiebke: *„Ne."*

Pia: *„Wie? Isst du etwa kein Fleisch?"*

Wiebke: *„Nein, ich bin Vegetarierin. Fleisch ist voll ungesund und auch noch schlecht fürs Klima."*

Pia: *„Echt? Wieso das denn?"*

Wiebke: *„Für Tierfutter wird zum Beispiel Regenwald abgeholzt und dann wird das um die halbe Welt transportiert, damit sich bei uns die Tiere fett fressen können."*

Pia: *„Ja, das stimmt, und wenn der Regenwald erst mal gerodet ist, dauert es viele viele Jahre, bis sich der wieder erholt … wenn überhaupt. Aber was isst du dann, wenn schon kein Fleisch?"*

Wiebke: *„Salat."*

Pia: *„Nur Salat, davon werd ich nicht satt."*

Wiebke: *„Aber Salat ist voll gesund und hat auch nicht so viele Kalorien, da wird man nicht dick."*

Pia: *„Ach, da kann ich mich nicht beschweren."*

…

Bei solchen Szenen stößt Pia (bzw. ich als Spielerin) manchmal an Grenzen. Wie schaffe ich es jetzt, diese Szene gut umzuwandeln? Ich möchte ja nicht durch die Diskussion über klimaneutrale Ernährung weitere Argumente für einen Schlankheitswahn liefern.

In Schulen, wo uns besonders viele sehr dünne Mädchen auffallen, sprechen wir auch die betreuenden Lehrer*innen an, ob sie ähnliche Beobachtungen gemacht haben und ob sie im Gespräch darüber sind.

Die Forumszenen enden in der Regel mit einem lauten „Danke" von Frau Stein und dem folgenden Applaus. Als Dankeschön bekommen die Freiwilligen außerdem einen veganen Fruchtriegel.

Die Erfahrungen auf Tour

Mit unserem gelben SCHOOL BUS reisen wir quer durch Niedersachsen. Von der Nordsee bis ins Wendland, von Oldenburg bis Braunschweig. Und auch in „Süd-Oldenburg", der Massentierhaltungshochburg zwischen Osnabrück, Bremen und Oldenburg, haben wir Halt gemacht.

Jeden Morgen sind wir in der Ecke um Vechta/Goldenstedt/Wildeshausen auf dem Weg zur Schule an mehreren Dutzend Massentierhaltungsställen vorbei gefahren.

Jeden Morgen wussten wir also wieder, warum wir unterwegs sind!

In diesen Regionen hatten wir häufig auch sehr kritische Zuschauer*innen. Natürlich saßen in unserem Publikum auch Kinder, deren Eltern einen der Megaställe betreiben oder an anderer Stelle in der Massentierhaltung arbeiten.

Mit diesen Teilnehmer*innen starten häufig die Diskussionen über die Kritik an Bio-Produkten: „Bio ist auch nicht wirklich so viel besser." Wir versuchen, die Diskussion dann von der individuellen Ebene auf die strukturell-politische Ebene zu bringen (z.B. auf den finanziellen Druck, den Landwirt*innen ausgesetzt sind).

Eine weitere kritische Frage, die häufig von meist konventionellen Jungbauern gestellt wird, lautet: „Ihr redet hier über Klimawandel und euer Bus verbraucht ja auch total viel Diesel." Eine kritische, aber sehr gute Frage!

Über dieses Thema haben wir auch im Entwicklungsprozess oft diskutiert.

Aber die Welt ist halt nicht schwarz/weiß, gut/böse, und wir sind keine Super-Gut-Öko-Menschen, ist die emotionale Antwort. Die Sachliche: Wir haben uns extra einen besonderen Filter aus den USA für den Bus gekauft, der die Einhaltung der EURO 4-Norm ermöglicht. Zudem zahlen wir für jeden gefahrenen Kilometer einen CO2-Ausgleich an die Klimakollekte (www.klima-kollekte.de). Wir sagen bewusst nicht: Wir sind „klimaneutral", denn wir haben ja CO2 ausgestoßen. Aber wir versuchen, durch die Spende einen CO2-Ausgleich zu machen. Zudem fahren wir nicht täglich zu anderen Orten, sondern optimieren unsere Touren.

Und trotz aller Kritik haben wir uns für den gelben Bus entschieden, da er ein Eye-Catcher ist. Der FOOD BUS ist zudem als mobile Küche umgebaut und wird für die Vorbereitung veganer Snacks genutzt. Im Bus können begleitend kurze Videos angeschaut werden und wir können unser komplettes Material (Requisiten, Technik etc.) darin verstauen.

An einem Aktionstag im Juni 2016 wussten wir endgültig, warum unser „gelber Elefant" einfach ein wichtiger Teil des Projekts ist, trotz der CO2-Bedenken. Wir spielten in einer Berufsschule und neben der Klasse aus dem Fachbereich Ernährung, hatten wir noch eine Mechaniker*innenklasse dabei. Das Theaterstück lief gut, es gab spannende Beiträge. Da die Berufsschüler*innen schon älter waren, gab es neue Diskussionsaspekte und eine Zielgruppe, die schon selbst über ihr Essen entscheidet. Die Mechanikerjungs saßen lässig in ihren Blaumännern in den letzten Reihen, machten coole, aber keine unguten Bemerkungen. Nach dem Theaterstück gab es eine spannende Diskussion, wie wichtig Fleisch ist, dass man Tofu nicht möge und dass einem die Tiere auch „wurscht" seien. Nun ja. Wir mussten also noch etwas „Überzeugungsarbeit" leisten und sahen unsere veganen Hotdogs schon reihenweise im Mülleimer landen. Denkste! Wir verließen das Schulgebäude und kamen zum SCHOOL BUS: „Hey, geiles Auto!" „Gehört das euch?" „Wer fährt das?" „Wie viele Zylinder?" Und: „Können wir mal in den Motorraum schauen?"

Na klar, und ein V8-Motor hat halt auch einen unvergleichlichen Sound: Andi machte die Motorhaube auf, ich startete: Was? „Ne Frau hinterm Steuer", damit hatten die Mechanikerjungs vom Land nun echt nicht gerechnet. Wir fachsimpelten über alte Autos, neue Wagen, Benzinmengen, CO2-Austoß, öffentlichen Verkehr. Und bam: wir hatten sie. In einzelnen Gesprächen bekamen wir die Kurve zum Klimawandel. Und natürlich probierten alle die veganen Hotdogs. Manche auch zwei!

Pia und Max:

„Woll'n wir nach einem Essen satt und glücklich sein,

müssen wir die Küche erobern und Gemüse befrein."

Fazit

Wir sind selbst erstaunt, wie toll das Projekt „die Klimafresser" - bei Schüler*innen und Lehrer*innen - aufgenommen wird. Wir haben in 2016/2017 45 Aufführungen gespielt und ca. 3000 Menschen erreicht.

Schon jetzt sind wir für 2018 quasi ausgebucht, obwohl wir zum jetzigen Zeitpunkt noch gar keine Zusage für eine weitere Finanzierung haben.

Wir führen den „Erfolg" des Projekts auf folgende Punkte zurück:

Authentisch:

Uns ist aufgefallen, wie wichtig es besonders bei Jugendlichen ist, authentisch zu sein. Wenn die Schüler*innen uns nach dem Theaterstück in der Reflexionsphase Fragen stellen (z.B. über unsere Ernährungsgewohnheiten oder unser Leben), antworten wir ehrlich. Wir erzählen

Anekdoten aus unserem Leben, dann ist nichts mehr aufgesetzt oder nur gespielt.

Eine häufige Frage ist: Seid ihr alle vegan? Wenn wir „nein" sagen, sind die Jugendlichen verwundert, denn sie denken schnell, wir sind die „Super-Öko-Gut-Menschen". Wir differenzieren unsere Antworten, erzählen vom jahrzehntelangen Vegetarier-Sein, von veganen Experimenten, moralischen Bedenken und von individuell flexitarischen Modellen.

Aber wir antworten den Schüler*innen auch auf inhaltliche oder persönliche Fragen: Wie lang spielt ihr das Stück schon? Habt ihr euch das selbst ausgedacht? Wo wohnt ihr? Seid ihr Freunde?

Spontan:

Im Theaterstück und im Workshop gehen wir spontan auf die Bedürfnisse der Schüler*innen ein und bauen auch „blöde" Kommentare mit ins Stück ein. So nehmen wir Sätze wie „Ich liebe Fleisch" oder „Lass uns bei Mäckes Burger essen" mit ins Stück auf und versuchen nicht, dagegen anzugehen. So agieren wir auch im World-Café-Workshop. In einer Schule hat mal ein Schüler einen Penis als Provokation aufs Plakat gemalt. Annika nahm dies als Anregung, über Phosphorgewinnung aus dem Urin zu sprechen und tadelte ihn nicht für seine „Nicht-Leistung".

Wir versuchen also, Provokationen nicht als solche wahrzunehmen, sondern als Spielangebote zu verstehen. Manche Schüler*innen steigen mit ins Spiel ein, andere sind baff und sparen sich weitere provokante Kommentare.

Flexibel:

Natürlich haben wir klare Vorstellungen, wie der optimale Aktionstag, der optimale Theaterraum und das optimale Publikum ausschauen. Aber wenn diese Fälle nicht eintreten, dann versuchen wir, mit Improvisation und Flexibilität das Beste aus der jeweiligen Situation rauszuholen - und meistens gelingt uns das auch.

Zielgruppengerecht:

Egal ob 10. Klasse Gymnasium, 5. Klasse Förderschule oder die Mechaniker*innenklasse einer Berufsschule: wir adaptieren unser Programm mit ein paar Änderungen so, dass es auf den Wissensstand, die Arbeitsweise und die Lebensrealität der jeweiligen Teilnehmer*innen abgestimmt ist.

Auch wenn wir immer wieder merken, dass die Auseinandersetzung mit den Themenfeldern Klimawandel und Ernährung eine gewisse Schwere und Melancholie mit sich bringen kann, sind wir dankbar, dieses Projekt durchzuführen.

Wir haben gelernt, den Blick auf die positiven Seiten und Ansätze zu lenken. Und neben dem Spaß, den wir mit den „Klimafressern" haben, können wir einen Beitrag für ein regeneratives Miteinander leisten.

Fragend schreiten wir voran.

Zapatistas

Material- und Literaturtipps

- **aid infodienst** – Ernährung, Landwirtschaft, Verbraucherschutz e.V. (2014): Was hat mein Essen mit dem Klima zu tun? Unterrichtsmaterialien für die Klassen 9 und 10 und berufsbildende Schulen.

  Informationsmaterial, Arbeitsblätter und Aktionsideen rund um das Thema Klimawandel und Ernährung.

- **Heinrich-Böll-Stiftung** (2016): „Iss was?! – Tiere, Fleisch & ich", www.boell.de/isswas

  Sammlung von Grafiken und Zeichnungen rund um das Thema Fleischproduktion, Fleischkonsum und Klimawandel.

- **Mamczak**, Sascha; **Vogl**, Martina (2015): Es ist dein Planet – Ideen gegen den Irrsinn. Heyne.

  Jugendroman über die Klimakatastrophe. Mit der Leitfrage: Was können wir – als Jugendliche – gegen den Irrsinn machen, der mit unserem Planeten passiert

Weitere Infos über die Klimafresser gibt's bei:

VNB e.V.
Tina Sellig und Anna Harenberg
Bahnhofstrasse 16
49406 Barnstorf
05442 - 804524
www.die-klimafresser.de
die-klimafresser@vnb.de

Das Unmögliche versuchen

Die Erschließung von kulturellen Freiräumen für eine mündige gesellschaftliche Teilhabe – Ein Erfahrungsbericht

Sanjay Kumar[1]

Wir treffen uns seit mittlerweile drei Jahren als Theater-AG des Arbeitskreis Asyl in Bielefeld, um Erfahrungen auszutauschen, uns gegenseitig zu unterstützen und auch einfach zusammen Spaß zu haben.

Die fundamental dialogischen Methoden des Theaters der Unterdrückten mit der Orientierung an der Lebensrealität der Teilnehmenden sind dabei hilfreich, die echten Probleme herauszuarbeiten und gemeinsam mögliche Handlungsstrategien für die Zukunft zu erproben. Das Überwinden der Isolation und des damit einhergehenden Tunnelblicks spielt dabei eine zentrale Rolle. Viele Möglichkeiten im Umgang mit unseren Problemen erschließen sich erst im Austausch,

1 Das Foto ist von dem Fotografen Jörg Schaaber aus Bielefeld. Ebenso das Foto bei den Lieblingsübungen.

wenn wir die Gelegenheit wahrnehmen, unterschiedliche Perspektiven in Betracht zu ziehen. So rückt vieles, was den einzelnen Teilnehmenden unmöglich erschien, in den Bereich des Machbaren, nachdem der Gruppenprozess in Gang gesetzt wurde.

Der Anfang auf der Bühne: „Außen vor ist mitten drin"

Unsere Gruppe ist aus einer Zusammenarbeit des AStA der Uni Bielefeld und dem Arbeitskreis Asyl entstanden, mit der Aufgabe, ein Theaterstück zum Thema Flucht aufzuführen. Der Anlass waren die „Nachtansichten", ein Kulturprogramm der Stadt Bielefeld, bei dem einmal im Jahr verschiedene Galerien und Kirchen nachts öffnen. Der AK Asyl hatte zu den Nachtansichten 2015 die Süsterkirche in der Altstadt zur Verfügung gestellt bekommen und unser Theaterstück war der Höhepunkt des Abendprogramms unter dem Titel „Außen vor ist mitten drin".

Die Idee zu dem Theaterstück kam von dem Regisseur Torsten Breitkopf, der im Begriff war, seine theaterpädagogische Ausbildung abzuschließen. Er war entschlossen, als Abschlussarbeit ein Theaterstück zum Thema Flucht zu inszenieren, das geflüchtete Menschen mitgestalten sollten. Also haben wir zunächst zu einem Treffen eingeladen, bei dem interessierte Menschen mit und ohne Fluchterfahrung die Idee kennenlernen konnten. Daraus ist dann die Gruppe von etwa 15 Menschen entstanden, die das Theaterstück entwickelt und aufgeführt hat.

Eine Mitarbeiterin des AK Asyl, die die Rechtsberatung für unbegleitete, minderjährige Geflüchtete macht, war von Anfang an bei der Planung des Theaterstücks dabei und spielte auch eine Rolle als Schauspielerin. So konnten wir auf dem Vertrauen aufbauen, das viele der interessierten Jugendlichen ihr bereits entgegenbrachten.

Wir hatten uns ein Konzept für die Entwicklung des Stücks überlegt, in dem wir die Geflüchteten aufforderten, ihre Geschichten aufzuschreiben, um sie in der nächsten Sitzung vorzustellen. Das Ergebnis war, dass es aus unterschiedlichen Gründen keine einzige Geschichte gab – niemand hatte etwas aufgeschrieben. Wir waren also an einem

Punkt, an dem unser Konzept nicht mehr funktionierte. Wir – als Leitende – waren, kurz gesagt, erstmal ratlos. Nachdem wir unseren geplanten Ablauf verworfen hatten, fing einer der Schauspieler doch an, seine Geschichte zu erzählen, und wir hörten ihm alle gebannt zu. Dazu sagte Torsten hinterher: „Das Scheitern ist kein Hindernis, sondern immer eine Chance, einen neuen Ansatz zu finden, einen neuen Weg zu gehen. Also, keine Angst vorm Scheitern!"

In dem Austauschprozess stellte sich heraus, dass wir uns in unserem Stück nicht so sehr auf die Flucht als solche, sondern vielmehr auf das Ankommen geflüchteter Menschen in Deutschland konzentrieren wollen. Die Hoffnungen, Schwierigkeiten und Ängste, die mit dem Ankommen in Deutschland verbunden sind, sollten spürbar werden. Die Erfahrungen mit den Behörden stellten sich als besonders problematisch heraus, so dass diese eine besondere Rolle in unserem Stück einnehmen sollten.

Auf dieser Grundlage schrieb Torsten ein Skript, das zum Einstieg eine schwer greifbare Fluchtsituation mit einem Schattenspiel darstellte. Der Versuch, in Deutschland Fuß zu fassen, wurde dann über mehrere Szenen nachgezeichnet. Es gipfelte in der „Amtsmaschine", in der die Geflüchteten verschiedene Schritte der Bürokratie durchlaufen müssen und maschinell abgefertigt werden. Die Aufführung war ein Erfolg: Wir konnten unser Stück vor einem breiten Publikum aufführen, in dem viele wahrscheinlich zum ersten Mal mit diesen Problemen konfrontiert wurden. Die Kirche war voll und es kamen sogar Mitarbeiter*innen der Behörden, deren Arbeit wir überspitzt dargestellt hatten!

Der Weg zum Theater der Unterdrückten: „No-Stress-Tour 2016"

Nach dieser erfolgreichen ersten Performance waren wir alle erschöpft und es war nicht klar, wie es weitergehen würde. Einige Schauspieler*innen verabschiedeten sich und einige waren entschlossen, weiterzumachen. Im Sommer 2015 fuhren wir mit einer Gruppe von etwa zehn Leuten nach Berlin zu einer Konferenz (*Interventionen*

– *Refugees in Arts and Education*). Für einige unserer Schauspieler*innen war es der erste Besuch in Berlin und eine echte Horizonterweiterung. Wir lernten dort andere Theatergruppen kennen, die auch zum Thema Flucht arbeiten, feierten zusammen und konnten Gemeinschaft auf eine Weise erleben, die uns allen in Erinnerung geblieben ist.

Das Bühnenstück war bei der einen Aufführung geblieben, aber die „Amtsmaschine" aus dem Stück funktionierte auch gut als eigene kurze Performance, die wir dann einigermaßen spontan bei Demonstrationen und Straßenaktionen aufführten. Da Torsten auch eine wichtige Rolle in einer anderen Theatergruppe spielte, übernahm ich noch mehr Verantwortung und wurde zur einzigen anleitenden Person. Ich wollte mit der Gruppe auch die Grenze zwischen Zuschauenden und Schauspielenden überschreiten und ein Forumtheaterstück entwickeln, was sich als große Herausforderung herausstellte.

Der Anlass für unseren ersten Versuch im Forumtheater war die „No-Stress-Tour", bei der im Sommer 2016 mit verschiedenen Aktionen die Einwohner der Stadt zusammengebracht und der Stress geflüchteter Menschen abgebaut werden sollte. Wir entwickelten das Stück in einem langen Prozess, in dem wir vor allem mit Bildern und Statuen arbeiteten. Aufgrund der großen finanziellen und psychischen Belastung, die mit dem unsicheren Aufenthaltsstatus einhergehen, war es sehr schwierig, regelmäßige Proben zu realisieren. Wir orientierten uns für die Terminfindung an den Schauspieler*innen mit den größten Schwierigkeiten, damit wir sie in unserer Gruppe behalten konnten.

Da ich die Zusage für unsere Aufführung gemacht hatte und der Termin für unsere Aufführung näher rückte, wurde für mich ein Performance-Druck spürbar, den ich der Gruppe weitergegeben habe. Einerseits kamen wir inhaltlich voran, andererseits fingen wir an, uns Stress zu machen, um zu einem brauchbaren Ergebnis zu kommen. Einige Schauspieler*innen arbeiteten (und arbeiten weiterhin) unter prekären Arbeitsverhältnissen, so dass sie manchmal spontan absagen mussten (wenn sie z.B. kurzfristig für eine zusätzliche Schicht als Vertretung eingeteilt werden). Als die Probleme mit dem

Aufenthaltstitel für einzelne ernster wurden, wollten sie sich gar keine Freizeit mehr nehmen, so dass sie auch keine Zeit mehr für unsere Proben hatten.

An einem Punkt haben wir realisiert, dass wir uns mit dem Performance-Druck zusätzlichen Stress machten, der über den Stress hinausging, den wir ohnehin im täglichen Leben haben. So haben wir – unter dem Motto „Kein Stress für die No-Stress-Tour" – unsere Lebenssituation als Grundlage für unsere Arbeit genommen und entschieden uns, die Theaterarbeit als fortlaufende Arbeit mit unseren Problemen aus dem Leben zu betrachten, wovon wir am Tag der Aufführung einen „Schnappschuss" machen, anstatt ein Endergebnis zu präsentieren. Der kontinuierliche Prozess steht also im Mittelpunkt und die öffentlichen Aufführungen sind nicht nebensächlich, aber zusätzlich zu diesem wesentlichen Prozess.

„Die Hilfe ist jetzt wichtiger"

Die Möglichkeiten der gegenseitigen Unterstützung und die Überwindung der Isolation wurden zu einem zentralen Thema in unserem Dialog. Überhaupt in Erwägung zu ziehen, dass die eigenen Probleme nicht alleine bewältigt werden müssen, ist für viele Menschen leider nicht selbstverständlich. Die Angst vor einer möglichen Abschiebung und die diskriminierende Rechtslage lassen vielen Geflüchteten die Situation ausweglos erscheinen, so dass sie z.T. inakzeptable Bedingungen über sich ergehen lassen. Es gibt eine Hemmschwelle, sich anderen anzuvertrauen oder gar um Hilfe zu bitten. Auch auf der Seite Nicht-Geflüchteter gibt es eine Tendenz, nur zuzuhören, und eine Hemmschwelle, eigene Anliegen und Probleme zu teilen (z.B., weil sie ihnen unwichtig erscheinen im Vergleich zu der harten Realität der Geflüchteten). Die Tatsache, dass wir diese Schwellen überschreiten und gemeinsam nach Möglichkeiten suchen, unseren Handlungsspielraum auszuweiten, ist ein großer Fortschritt für uns als Gruppe.

In unserem Dialog beschäftigten wir uns eingehend mit der Anhörungssituation auf dem Bundesamt, in der die Asylsuchenden ihre Fluchtgründe darlegen sollen. Die Tatsache, dass dieses Interview ausschlaggebend für die Asyl-Entscheidung ist, macht es besonders problematisch. Für eine glaubhafte Darlegung ihrer persönlichen Fluchtgründe müssen die Asylsuchenden auch traumatische sowie sehr persönliche und intime Erlebnisse gegenüber ihnen fremden Personen (Anhörer*in und Dolmetscher*in) so detailliert und ausführlich wie möglich schildern, damit ihnen geglaubt wird, da die meisten ihre Fluchtgründe nicht anders beweisen können. Der offiziell vorgesehene Ablauf an sich (mit den Standard-Fragen) birgt ein großes Potenzial für eine (Re-)Traumatisierung. Darüber hinaus macht die Art und Weise der Durchführung durch die jeweiligen Beamten* einen großen Unterschied. In den Proben zur Interviewsituation kritisierte eine der Geflüchteten, wie die deutschen Schauspieler Beamte* darstellten. Es war ihr unangenehm, wenn sie ganz ohne Empathie dargestellt wurden, weil sie selbst auch mitfühlende Beamte* erlebt hatte.

Wir nannten unser Forumtheaterstück „die Hilfe ist jetzt wichtiger", in dem wir einerseits die diskriminierende Rechtslage deutlich machen und andererseits mögliche Handlungsstrategien bei einer drohenden Abschiebung zur Diskussion stellen. In einer Szene ist eine deutsche Frau, die in der Fußgängerzone zusammenbricht und von einem Polizeibeamten sofort unbürokratische Hilfe zugesichert bekommt: „Die Hilfe ist jetzt wichtiger".

Diese wird kontrastiert von der Abschiebungsszene, in der die Bürokratie unbarmherzig ist: Die Geflüchtete ist sehr krank, als die Polizeibeamten zur Vollstreckung der Abschiebung an die Tür klopfen. Auf die Hilferufe der Kranken entgegnen die Beamten: „Die Abschiebung ist jetzt wichtiger!"

Wir hatten für das Stück eigens einen freistehenden Türrahmen anfertigen lassen, weil die Tür eine wichtige Rolle in der Abschiebungsszene spielt und die Aufführung auf dem Kesselbrink - einem belebten Platz in der Bielefelder Innenstadt - stattfand. Dieser massive Türrahmen aus dicken Balken hatte eine besondere Ästhetik und viele Zuschauende fragten sich bereits im Vorfeld, was es wohl damit auf sich hat. Die Abschiebung war die letzte Szene und wir hatten sie als Forum konzipiert, so dass sie nicht als ausweglos stehen bleiben sollte. Allerdings war niemand bereit, zu intervenieren und die Szene neu zu spielen (was möglicherweise auf die Intensität der authentischen Darstellungen zurückzuführen war). Also spielten wir selbst die Szene neu, in der die Beamten mehrmals an die Tür klopften, aber die Tür verschlossen blieb und so die Abschiebung zumindest vorübergehend verhindert wurde. In der Diskussion im Anschluss an die Aufführung waren die Leute auch eher schweigsam. Es wurde dann nochmal die Aktualität des dargestellten Sachverhalts von Sachkundigen mit rechtlichen Hintergrundinformationen unterstrichen.

Auch wenn wir es nicht geschafft hatten, die Zuschauenden zum Mitmachen zu bewegen, waren viele Menschen bewegt worden. Sowohl Geflüchtete als auch Nicht-Geflüchtete Besucher*innen sagten uns, dass sie unser Stück als eine große Bereicherung erlebt haben und ermutigten uns, weiterzumachen. Als wir das Stück in einem anderen Kontext wiederaufführten, hatte ich darauf verzichtet, als Joker zur Intervention aufzurufen, und wir nahmen es ausschließlich als Diskussionsgrundlage. Da waren die Zuschauenden offener und es entfaltete sich eine lebhafte Diskussion. Das war möglicherweise darauf zurückzuführen, dass es in einer kleineren Runde stattfand, in der die Hemmschwelle zur Beteiligung geringer war.

„Am Anfang haben wir einfach mitgemacht, aber wir haben gar nicht verstanden, was wir da machen"

Die Erfahrung, mit Impulsen aus der eigenen Lebenserfahrung einen Beitrag zum kulturellen Leben der Stadt zu leisten, ist sehr wertvoll. Dabei nehmen wir langsam aber sicher die Gelegenheit wahr, diesen Prozess selber mitzugestalten und uns selbst zu entfalten. Der kulturelle Raum, den wir uns geschaffen haben, gibt uns Spaß, Vertrauen, und die Möglichkeit, Gefühle auszutauschen. Wir vermitteln den Leuten die Wirklichkeit von unseren Problemen und laden sie zu einem Dialog ein. Wir machen das Beste aus den begrenzten Ressourcen, die wir zur Verfügung haben. Insbesondere die Aufmerksamkeit, die wir für unsere kulturelle Entfaltung erübrigen können, ist abhängig von den Sachzwängen, mit denen wir leben und die je nach Lebenssituation sehr unterschiedlich ins Gewicht fallen.

Es ist mir bewusst, dass es leider ein Privileg ist, sich so ausführlich mit dem Theater der Unterdrückten auseinanderzusetzen, wie ich es in den letzten fünfzehn Jahren getan habe. So sehr ich mir eine flachere Hierarchie wünsche, habe ich nach wie vor eine Schlüsselrolle in der Leitung der Gruppe. Ich versuche die mir zur Verfügung stehenden Ressourcen soweit wie möglich weiterzugeben, und die Fortschritte unserer Gruppe zeigen mir, dass die Arbeit Früchte trägt. Langfristig wünsche ich mir, dass mehrere unserer Schauspieler*innen in der Lage sein werden, selbst die Gruppe anzuleiten.

Während es für Menschen wie mich irgendwie machbar ist, die Theaterarbeit auf ehrenamtlicher Basis zu machen, sehe ich klare Grenzen des Ehrenamts, insbesondere für Schauspieler*innen mit ungesichertem Aufenthaltsstatus. Es ist notwendig, Ressourcen zu mobilisieren, um den kulturellen Raum zu erschließen, in dem eine weitergehende Mitgestaltung von Seiten geflüchteter Menschen möglich wird.

Die Arbeit mit Bildern und Statuen ermöglicht eine Verständigung mit geringen sprachlichen Vorkenntnissen, in der die einzelnen Teilnehmenden mit den Ressourcen der Gruppe eine Horizonterweiterung erfahren können. Gleichzeitig spielt der Ausbau der sprachlichen Fähigkeiten eine Schlüsselrolle für eine mündige Teilhabe am gesellschaftlichen Leben. Wir setzen uns daher auch ausführlich mit unserem Sprachgebrauch auseinander. Zum einen verzichten die Muttersprachler*innen unter uns auf simplifizierte Sprache (die einem Lernerfolg im Wege stehen würde). Wir haken immer wieder nach, ob alle verstanden haben, wovon wir reden, und ermutigen dazu, Verständnisfragen zu klären. Zum anderen scheuen wir z.B. auch nicht davor zurück, der Bedeutung und Implikationen der in Behörden geläufigen Begriffe auf den Grund zu gehen.

Im April 2017 fuhren wir mit vier Leuten auf die Insel Hiddensee zu dem Theaterlabor „Auf der Suche nach dem Glück" von Harald Hahn. In diesem einwöchigen Workshop hatten wir einen lebendigen Austausch über „Stolpersteine und Edelsteine des Glücks" mit viel Raum für Reflexion und Entspannung. Dort hatten wir die Gelegenheit, unsere Kenntnisse von den Methoden des Theaters der Unterdrückten zu vertiefen. Gleichzeitig konnten wir verschiedene Glücksvorstellungen kennenlernen und eigene Denkmuster zum Glücklichsein hinterfragen. „Jetzt verstehe ich, warum die Deutschen Urlaub machen", sagte ein Schauspieler, als wir an einem freien Nachmittag einen ausgedehnten Spaziergang über den Strand machten.

Im Sommer 2017 gaben wir im Rahmen des „Antiracism Festival" an der Uni Bielefeld einen Workshop zum Theater der Unterdrückten unter dem Titel „Mit dem Hammer in der Hand sieht die ganze Welt wie ein Nagel aus". Die Schauspieler*innen übernahmen dort zum ersten Mal die Leitung für einzelne Übungen und konnten ihr gewonnenes Wissen weitergeben.

Initiative Politikwechsel - das Unmögliche versuchen

Im September 2017 ist mit einem Brief der Ausländerbehörde für einen unserer Schauspieler der Alptraum wahr geworden: Er bekam einen Abschiebebescheid.

Jetzt war der Ernstfall eingetreten. Trotz der Klage, die er auf dem Rechtsweg gegen die Entscheidung einreichte, teilten wir sein Gefühl von Ohnmacht, den Behörden ausgeliefert zu sein. Aber wir wollten dennoch alles in unserer Macht stehende tun, um seine Abschiebung zu verhindern. Wir besuchten eine Diskussionsveranstaltung mit dem Titel *Das Unmögliche versuchen*, zu der im Vorfeld der Bundestagswahlen von einem zivilgesellschaftlichen Zusammenschluss namens *Initiative Politikwechsel* eingeladen wurde. Die Initiative war ins Leben gerufen worden, um dem Rechtsruck in der Politik eine demokratische Alternative entgegenzusetzen. Dort entstand die Idee, eine Unterschriftenaktion zu starten, um die Abschiebung möglicherweise über den parlamentarischen Weg und öffentlichem Druck zu verhindern. So konnte eine breite Öffentlichkeit davon erfahren und viele Menschen solidarisierten sich mit uns.

Als wir in der Bielefelder Innenstadt Unterschriften sammelten, hatten wir einen lebhaften Austausch mit den Menschen über die diskriminierende Rechtslage und die Willkür der Asylentscheidungen. Auch wenn bei weitem nicht alle Leute unterschrieben haben, so kamen wir doch mit sehr vielen Menschen ins Gespräch. Die Fragen, die gestellt wurden, zeigten, dass es bei einigen Menschen die Vorstellung gibt, dass in Deutschland „das Gesetz für alle gleich" sei und eine Willkür in den Behörden eher die Ausnahme. Es wurde deutlich, dass es ein großes Potenzial für einen gesellschaftlichen Dialog gibt, in dem der Boden der Tatsachen zur Kenntnis genommen wird. Viele Unterstützer*innen unserer Petition kannten das Problem aus ihrem eigenen Umfeld. Eine 90-jährige sagte: „Ich bin selbst schon einmal abgeschoben worden. Das war nach dem zweiten Weltkrieg, von einer Besatzungszone in die andere."

Einen Tag vor der geplanten Abschiebung überreichten wir dem Oberbürgermeister eine Kopie der bis dahin gesammelten Unterschriften. Dieser bekräftigte die Entscheidung der Ausländerbehörde und sagte, dass die Abschiebung rechtmäßig sei. Bevor die Klage beim Verwaltungsgericht entschieden war, kam die Polizei schon vor das Haus, in dem unser Schauspieler wohnte. Das Gericht erklärte die Abschiebung dann aus formalistischen Gründen für rechtmäßig, wogegen sofort eine Beschwerde beim Oberverwaltungsgericht eingereicht wurde. Die Situation war sehr angespannt und zum Glück erklärte die Kirche sich dann bereit, ihm Kirchenasyl zu gewähren, so dass die Abschiebung zumindest vorübergehend verhindert werden konnte. Der

Pressedienst der Stadt Bielefeld unterstrich am Tag der Abschiebung in einer Pressemitteilung, dass das laufende Petitionsverfahren im NRW Landtag keinen Unterschied gemacht und sie die Abschiebung durchgeführt hätten, sofern die Kirche ihm kein Asyl gewährt hätte.

Ich überreichte die 1141 Unterschriften, die wir in zehn Tagen gesammelt hatten, dem Petitionsausschuss des NRW Landtags. Dieser plante dann im November eine Anhörung in Bielefeld, bei der der ganze Sachverhalt erörtert werden sollte. Bis dahin war unser Schauspieler quasi eingesperrt, weil der Schutz des Kirchenasyls sich nicht auf den öffentlichen Raum erstreckt und die Menschen weiterhin „vollziehbar ausreisepflichtig" sind. Er konnte also festgenommen und abgeschoben werden, wenn er in der Öffentlichkeit von Polizisten kontrolliert worden wäre. Bei der Anhörung konnten die Mitglieder des Petitionsausschusses von der Ausländerbehörde die Zusage aushandeln, dass sie ihn im Falle einer negativen Entscheidung des Oberverwaltungsgerichts nicht sofort abschieben werden, so dass er sich zumindest vorübergehend frei bewegen und seine Ausbildung fortsetzen kann. Also ist jetzt, wo ich diesen Text schreibe, weder die Entscheidung des OVG gefallen, noch das Petitionsverfahren abgeschlossen, und sein Aufenthaltsstatus weiterhin nicht sicher. In jedem Fall machten wir den Titel der Veranstaltung *Das Unmögliche versuchen* zu unserem Programm und sind gemeinsam einen weiten Weg gegangen.

Dienstaufsichtsbeschwerde

Einer unserer Schauspieler kam sehr traurig zu einer Probe und erklärte, dass er von einer Beamtin auf der Ausländerbehörde sehr respektlos behandelt worden war. Er hatte zuvor ein Dokument beantragt und die Beamtin war sichtlich verärgert, als sie in der Akte sah, dass es ihm bewilligt worden war. Anstatt ihm die gute Nachricht zu übermitteln, diskutierte sie nochmal mit ihrem Vorgesetzten. Nachdem dieser die Bewilligung bestätigte, sagte sie ihm in einem herabwürdigenden Ton und mit einer gewissen Genugtuung, dass das Dokument jedoch nicht für immer gültig sei. Derart gedemütigt war er am Boden zerstört.

Zu der nächsten Probe brachte ich eine Dienstaufsichtsbeschwerde mit, die ich einige Monate zuvor geschrieben hatte, als auch ich von einer Beamtin auf dem Sozialamt respektlos behandelt wurde. Damals suggerierte die Beamtin fortwährend, dass ich sie anlügen würde und die von mir gebrachten Unterlagen gegenstandslos seien. Außerdem zog sie willkürlich die Bearbeitungszeit in die Länge und es war ihr offensichtlich ein Vergnügen, mir mitzuteilen, dass ich noch lange darauf warten werde.

Also gingen wir in dieser Probe die in Behörden-Deutsch verfasste Dienstaufsichtsbeschwerde Wort für Wort durch und ich stellte sicher, dass alle die Bedeutung verstanden haben. Dabei gaben wir Schlüsselbegriffen wie „Mitwirkungspflicht“ oder „Willkür“ besondere Aufmerksamkeit und achteten auch auf die richtige Betonung. Als wir alle alles verstanden haben, sagte ich: „Das ist eine Möglichkeit der Kontrolle von Beamten in der Demokratie, und die steht allen Menschen offen. Das kannst du auch machen.“ Darauf entgegnete mir der Schauspieler „Klar, du hast einen deutschen Pass, also kannst du das machen. Aber ich habe Angst, die werden mich dafür bestrafen.“

Beim Tag der offenen Tür des AK Asyl stellten wir diese Szene nach und zur Diskussion. Es wurde deutlich, dass viele Menschen nicht verstehen, dass eine willkürliche Benachteiligung nicht rechtmäßig ist. Viele Geflüchtete sind es aus ihren Heimatländern gewohnt, als Bittsteller zu den Behörden zu kommen. Ohne Beschwerden hat sich so oftmals auch hierzulande der Stuhl der „Staatsdiener*innen“ zu einem Thron verwandelt, auf dem nach eigenem Gutdünken gewaltet wird. Eine Besucherin sagte außerdem, dass auch sie Angst vor Repressionen hat und sich nicht traut, eine Dienstaufsichtsbeschwerde zu schreiben, obwohl sie einen deutschen Pass hat. Es ist also ein gemeinsames Problem, auch wenn der Spielraum für Willkür bei Menschen mit ungesichertem Aufenthaltsstatus weitaus größer ist.

Nun sind wir dabei, ein Forumtheaterstück zu entwickeln, in dem wir die Grundlage für Willkür in den Behörden zur Diskussion stellen wollen. „Das Rathaus ist kein normales Haus, es ist ein Angsthaus“, sagte einer unserer Schauspieler. Also arbeiten wir daran, was wir tun können, damit das Rathaus wieder zu einem normalen Haus werden kann. Dazu beschäftigen wir uns mit der eigenen Haltung der Behördenbesucher*innen und spielen verschiedene Szenarien durch. Zunächst betrachten wir die Extremsituationen: Es kommt eine ängstliche Besucherin, die respektlos von dem Beamten behandelt wird. Sie ärgert sich zwar darüber, aber traut sich nicht, das zum Ausdruck zu bringen. Dann kommt eine selbstsichere Besucherin, die ebenfalls respektlos behandelt wird. Sie gibt sich nicht mit dem Verhalten zufrieden und beschwert sich sofort darüber. Daraufhin entwickeln wir eine Szene, in der eine Mischung aus ängstlichen Gefühlen und selbstsicherem Auftreten dargestellt wird. Wir stoppen die Szene an mehreren Stellen und diskutieren über verschiedene Handlungsoptionen und mögliche Wendepunkte. Dabei ist für den Charakter der Beamtenfigur wichtig, dass er nicht einfach nur festgefahren ist, sondern auf unterschiedliche Verhaltensweisen auch nuanciert reagieren kann. Es ist für viele außerdem eine interessante Erfahrung, sich einmal spielerisch in die „Beamtenfigur auf dem Thron" hineinzuversetzen.

In der Abschiebungsszene in „Die Hilfe ist jetzt wichtiger" hatten wir den massiven Türrahmen als ein Symbol für die Veränderbarkeit der Situation, die jedoch nicht intuitiv ersichtlich war. Dadurch, dass wir die Forum-Szene dieses Mal mit mehr möglichen Wendepunkten ausstatten und die Veränderbarkeit der Situation von Anfang an deutlicher ist, hoffe ich, dass das Publikum offener dafür sein wird, zu intervenieren. Zudem erscheint die Situation dieses Mal weniger ausweglos als es bei einer Abschiebung der Fall zu sein scheint.

Wir planen die Uraufführung des Forumtheaterstücks vor der Ausländerbehörde im Bielefelder Rathaus. Dort wollen wir nicht nur die Handlungsoptionen der Besucher*innen, sondern auch die rechtliche Grundlage für Willkür in der öffentlichen Verwaltung zur Diskussion stellen. Welche Gesetze begründen das Rathaus als „Angsthaus"? Und wie könnte ein Gesetzesvorschlag aussehen, mit dem das Rathaus wieder zu einem normalen Haus transformiert wird? Die Idee ist folgende: Indem wir zunächst so tun, als ob wir die Gesetzgebung beeinflussen könnten, entwickeln wir mit einem öffentlichen Diskurs über Erfahrungen aus der Lebensrealität einen Gesetzesvorschlag, den wir dann in die tatsächlichen legislativen Gremien einbringen.

Powerkids

Friderike Wilckens-von Hein

Was kann Forumtheater Schulen geben und welche Voraussetzungen müssen dafür erfüllt sein?
Interaktives Theater – große Bühne – kleine Gruppe – geschützter Rahmen – Lust auf Leben – selbst gestalten – Dynamik – Mobbing – Berufsvorbereitung – erkennen – verstehen – umsetzen – Selbstwirksamkeit – annehmen – ernst nehmen –Erfolgserlebnisse – gemeinsam

Was Forumtheater in Schulen bewirken kann:

- Die Ressourcen der Kinder und Jugendlichen zum Klingen bringen.
- Mit viel Spaß und Begeisterung können sehr ernste Themen bewegt werden.
- Es fördert den Mut, sich zu zeigen und Konflikte offen auszutragen.
- Sie entdecken, dass viele schwierige Situationen veränderbar sind und sie selbst Einfluss nehmen können.
- Sie erkennen, was „richtig" ist, und sie probieren sich darin aus, dafür einzustehen.
- Es hilft, den anderen zu verstehen.
- Es öffnet einen Raum, in dem das Vertrauen von Kindern und Jugendlichen wächst: zu sich selbst, zu einander und zu Erwachsenen.
- Alle sitzen in einem Boot: Schüler, Lehrer, Eltern.
- Es zeigen sich immer wieder wechselnde Vorbilder, an denen man sich orientieren kann.

- Es bietet ein Forum, in dem es möglich ist, einen Konsens, eine Einigung zu finden zu der Frage: Wie wollen wir miteinander umgehen?

„Nach dem Workshop war der Zusammenhalt in der Klasse so toll, dass es wieder Spaß gemacht hat, zur Schule zu gehen. Ich konnte dann auch besser lernen."
Tanas - 15 Jahre - nach einem dreitägigen Theaterprojekt mit dem Forumtheater inszene an einer Kölner Hauptschule

Unser erster Kontakt mit Schulen:

Unser erstes Projekt richtete sich an Erwachsene. Wir hatten ein Theaterstück entwickelt, das die Anliegen verschiedener Bürger mit Migrationshintergrund aufgriff und zeigte, wo diese Veränderungsbedarf sahen. Wir spielten das Stück in Bürgerhäusern vor gemischtem Publikum. Es wurde ein interkultureller Dialog ausgelöst, der sich auf verschiedenen Ebenen fortsetzte und zum Beispiel dazu führte, dass ein paar muslimische Frauen von der örtlichen CDU-Ratsfraktion zu einer Sitzung eingeladen wurden.

Nach einer Forumtheateraufführung kam eine Hauptschullehrerin auf uns zu und fragte: „Könnt ihr nicht was für unsere Schüler machen?" Ich zögerte. Damals hatte ich noch wenig Erfahrung in der Arbeit mit Jugendlichen. Würden wir Jugendliche, die keinen Bock auf gar nichts haben, unter Umständen auch gewaltbereit sind, erreichen können? Dieses Bild hatte sich bei mir durch Medien und Erzählungen festgesetzt.

Wir wollten es versuchen. Die Lehrerin organisierte einen Auftritt an ihrer Schule. Wir spielten eine Szene aus unserem Erwachsenen-Projekt. Die Szene handelte von einem jugendlichen Analphabeten. Das war nicht das Thema der Jugendlichen im Publikum, aber die Scham, der Frust, die Hoffnungslosigkeit und die Schulmüdigkeit unseres Hauptdarstellers traf das Lebensgefühl dieses Publikums.

Im Anschluss an die Szene fragte ich die Schüler, was ihre Gründe seien, wenn sie keine Lust hätten, zur Schule zu gehen. Auf Zuruf spielten wir dann neue Szenen zu diesem Thema. Es ging hauptsächlich um gegenseitige Beleidigungen untereinander. Die Jugendlichen strömten in Scharen auf die Bühne, um zu versuchen, sich von den Beleidigungen nicht runter machen zu lassen. Nach der Veranstaltung hingen die Schüler an uns und wollten nicht wieder gehen. Sie hatten viele Fragen, wollten wissen, wo wir sonst noch Theater spielen, wie alt wir seien, ob die Schauspieler auch im Fernsehen auftreten usw. Einige erzählten auch, dass sie solche Situationen, wie wir sie gespielt hatten, schon in echt erlebt hatten.

Es funktionierte also. Das war der Anfang.

Angeregt durch weitere Anfragen spielten wir dieselbe Ausgangsszene später im Kontext der Berufsvorbereitung an Schulen und anderen Bildungseinrichtungen. Junge Erwachsene, die selbst in einer Maßnahme des Arbeitsamts gelandet waren, weil sie keinen Schulabschluss hatten und keinen Ausbildungsplatz fanden, überzeugten auf der Bühne unseren Hauptdarsteller, warum es sich lohnt, sich anzustrengen und sich für das eigene Leben einzusetzen.

Inzwischen haben wir dieses Stück ca. 100 Mal aufgeführt. Jede Aufführung ist anders und jedes Mal lernen wir etwas dazu.

Wir beginnen die Aufführungen mit einem Warm-up: Auf Zuruf spielen die Schauspieler Tätigkeiten, „was man in der Schule oder auf der Arbeit tut". Die Tätigkeiten variieren wir dann durch verschiedene Gefühle, die die Jugendlichen den Schauspielern vorgeben. Schon in diesem Moment beginnt die Verbindung zwischen Schauspieler und Jugendlichen im Publikum. Sie erkennen die Gefühle, die sie selbst haben, aber die sie so nie zum Ausdruck bringen würden. Sie lachen. Sie fühlen sich verstanden und in wenigen Minuten wächst das Vertrauen zu uns. Im weiteren Verlauf der Veranstaltung zeigen sie sich dann mit ihren ehrlichen Wünschen, Bedenken und Ideen.

Um dieses wertvolle Vertrauen zu nutzen und noch mehr, noch tiefer mit den Jugendlichen an ihren Themen arbeiten zu können, entwickelte ich das Projekt „Selbstbewusst auf dem Weg zum Ausbildungsplatz". Der Raum, der sich durch das geschenkte Vertrauen öffnete, sollte nicht wieder zusammenstürzen, sobald wir mit dem Theateranhänger, in dem wir unser Bühnenbild verstaut haben, das Gelände verlassen. So suchte ich nach einer Möglichkeit, die Energien und Impulse der Theaterveranstaltungen weiter zu nutzen und mehr Platz für Motivation und Lust auf Leben zu ermöglichen.

Wir begannen also im Anschluss an die Theaterveranstaltung, theaterpädagogische Workshops anzubieten, in denen die Schüler ihre persönlichen Ziele konkretisieren, ihre Stärken gegenseitig erkennen und diese darstellen. Sie inszenieren ihre persönlichen Hindernisse auf dem Weg zum Ziel in Form von Forumszenen. In kleinen Gruppen suchen sie dann gemeinsam nach Möglichkeiten, mit diesen Hindernissen umzugehen, probieren aus, fühlen, erkennen, verstehen. Hier sind die Schauspieler dann nicht mehr als Schauspieler aktiv, sondern als Workshopleiter. Sie leiten an, hören zu, machen Mut, geben ehrlich Feedback und nehmen die Schüler ernst. Die Schauspieler und Theaterpädagogen, die in diesem Projekt tätig sind, erleben die Arbeit und den Kontakt mit den Schülern als große Bereicherung.

In den Feedback-Bögen, die die Schüler nach den Workshops ausfüllen, nennen diese eine Vielzahl an Lernerfolgen, bedanken sich für die Unterstützung und bitten darum, dass wir nochmal kommen. „Ich habe gelernt, stärker im Leben zu sein und niemals aufzugeben!", „Ich habe mich besser kennen gelernt", „Ich habe gelernt, zuzuhören und den anderen Respekt entgegen zu bringen", „Ich habe gelernt, wie man sich in andere hineinversetzt" - überwiegend unmotivierte Schüler mit schwerwiegenden schulischen Schwierigkeiten.

Was ist der Trick?

Wir erwarten viel Engagement und Konzentration. Die Workshops machen Spaß, sind aber kein Abhängprogramm. Wenn ein Schüler den Prozess mit seinem Verhalten stört, wird er darauf aufmerksam gemacht. Das passiert möglichst ohne Druck. Er kann, wenn sich zeigt, dass er keinen Sinn in der Veranstaltung sieht, die Gruppe verlassen und am Regelunterricht teilnehmen. Dies ist bisher nur einmal vorgekommen.

Die Schüler benennen auch, was sie gut finden: „... als die anderen mir gezeigt haben, was ich alles kann", „dass wir selbst was ausprobieren konnten", „... dass wir nicht nur geredet haben", „Der Lehrer war cool".

Warum war der „Lehrer" cool? Weil die Schüler ihn vorher auf der Bühne gesehen haben, als unmotivierten, unsicheren Typen, der bislang noch nichts so richtig auf die Reihe gekriegt hat? Das ist auf jeden Fall für den Schauspieler unserer Hauptrolle ein wichtiger Türöffner. Aber auch die anderen Workshopleiter werden von den Schülern positiv angenommen.

Ich habe die Erfahrung gemacht, dass die Schüler sehr sensibel auf die innere Haltung desjenigen reagieren, der ihnen gegenüber tritt: Hält er sich für etwas Besseres? Kann sie eigene Fehler eingestehen? Will er, dass die Schüler sich in eine bestimmte Richtung äußern? Ist das Ziel eigentlich schon klar? Oder ist sie wirklich offen und interessiert und glaubt an viele Möglichkeiten und Ressourcen auch jener Schüler, von denen viele meinen, dass es eh alles keinen Sinn mehr macht?

Eigene Fehler zugeben: In einem Forumtheaterprojekt mit Hauptschülern hat sich das Vertrauen und Engagement einer Schülerin in dem Moment komplett verändert, als ich zugab, dass ich den Stoff, der als Hintergrund für eine Szene gedacht war, unfachmännisch aufgehängt hatte. Sie war bis dahin immer etwas störrisch und gern *gegen* alles. Sie hatte es mir gleich gesagt, dass das Klebeband nicht halten würde. Ich hatte nicht auf sie gehört. Als der Stoff dann herunterfiel, habe ich ihr dann einfach nur Recht gegeben. Sie wirkte fast wie erstarrt. Das war sie nicht gewohnt. Plötzlich brach ein lebendiger Schub in ihr los und sie stürzte sich in die Szene. Eine kleine Geste nur, aber mit großer Wirkung.

Offenheit: Alle Vorschläge und Impulse dürfen erst mal sein. Ein Beispiel: Die Hauptschülerin will Psychologin werden. Wie oft hat sie schon gehört „Das schaffst du nie!". Wir zeichnen mit ihr den Weg, den sie zu gehen hätte. Schritt für Schritt. Sie benennt, was sie dafür braucht und an welcher Stelle es für sie schwierig wird. Diese kritischen Stellen spielen wir szenisch und machen dazu Forumtheater. Sie entscheidet nach diesen gefühlten Erfahrungen selbst, ob sie ihr Ziel weiter verfolgen will. Der Junge, der Fußballprofi werden will, erfährt in der Szene, dass er nicht „gesichtet" wird. Was dann? Einige springen ab, entscheiden sich für etwas anderes, andere bleiben dran und wollen es weiter versuchen. Sie erfahren auch, dass jeder Fußballprofi noch eine andere Ausbildung absolviert, für den Fall, dass er sich verletzt und nicht mehr spielen kann. Dann zeichnen sie eine zweite Laufbahn mit ihren Erfordernissen und Hindernissen. Sie können - wenn sie wollen - beide verfolgen und sich später entscheiden.

In unseren ersten Aufführungen zum interkulturellen Dialog war ein wiederkehrendes Thema, dass Kinder mit Migrationshintergrund von Seiten der Schule selten eine Empfehlung für das Gymnasium bekamen. Mehrfach meldeten sich junge Erwachsene aus dem Publikum, die sagten, sie hätten genau das erlebt: Sich durchgekämpft, an der Hauptschule den Realschulabschluss gemacht und dann später Abitur. „Jetzt studiere ich!" Woher wollen wir wissen, was ein Schüler/eine Schülerin schaffen kann? Wer gibt uns das Recht, Prognosen für ihre Zukunft zu stellen und ihnen die Hoffnung zu nehmen? Am besten, die Schüler lernen sich selbst kennen und entscheiden dann selbst.

Selbst Entscheidungen zu fällen macht stark, gibt einem das Gefühl, selbst zu handeln und auch verantwortlich zu sein. Forumtheater gibt den Schülern die Möglichkeit, zu entscheiden. Darüber hinaus bauen sie sich gegenseitig auf, finden realistische Lösungen. Forumtheater gibt ihnen den Raum, selbst zu erkennen, was für sie gut ist. Wir begleiten sie nur und sehen sie mit ihren Wünschen, nehmen sie ernst.

Das ist manchmal nicht ganz leicht, da wir ja als Theaterpädagogen und Schauspieler auch Menschen mit Meinungen und Wünschen sind, und wir wünschen uns manchmal, der Schüler hätte diesen oder jenen Wunsch. Hat er aber nicht. Und jetzt wird es spannend:

Wir spielen eine Szene zum Thema Liebe/Partnerschaft. Die Schüler sind in der 10. Klasse. Bislang waren die Jungen noch recht zurückhaltend. In der Szene zeigen wir Patrick, der mit seiner Freundin Sylvie auf einer Party verabredet ist. Er ist schon vor ihr da und wird massiv von Biggi angebaggert. Als Sylvie dazukommt, machen die beiden gerade ein Selfie und haben dabei richtig Spaß. Sylvie ist auf 180. Sie blafft Biggi an und schubst sie heftig. Biggi wehrt sich lautstark. Sie rempeln und schubsen sich mit Getöse von der Bühne.

Der erste Lösungsvorschlag kommt von einem Mädchen: für Patrick! Ich zögere zunächst, weil Mädchen anders spielen, anders denken als Jungen. Sie können den Jungen zeigen, welches Verhalten sie sich von ihnen wünschen. Aber ist es für die Jungen realistisch, so zu agieren? Werden ihre Bedürfnisse dabei berücksichtigt? Ich entscheide mich, dass Mädchen Jungen und Jungen Mädchen austauschen dürfen. In diesem Forum scheint es wertvoll, dass die eine Seite die andere Seite kennenlernt, ihre Wünsche, ihre Gefühle und ihre Lösungen.

Wir sehen also einen (weiblichen) Patrick, der zurückhaltend bleibt, der auf Biggi's Anmache ruhig bleibt und entgegnet, dass er eine Freundin habe. Biggi versucht es weiter, gibt dann aber beleidigt auf.

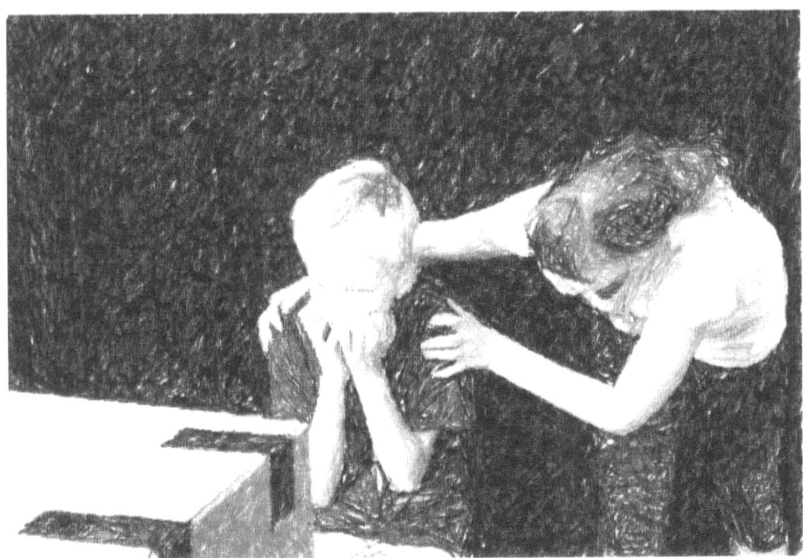

Ein Teil des Publikums ist sehr zufrieden. Die anderen sagen nichts. Ich frage die Jungen, die an einer Seite im Pulk zusammensitzen: „Würdet ihr das so machen?“, woraufhin sie entgegnen: „Nö!“

Ein Junge meint, Patrick könne doch beide Mädchen „klar machen“. „Das heißt?“, frage ich, und er erklärt: „Mit Biggi was anfangen, ohne dass Sylvie es merkt.“

Irgendwo in mir drin zuckt es: Wie: Beide klar machen! Und hinter dem Rücken von Sylvie? Das ist doch unehrlich! Böse, böse!

Ok, aber wir können ja auch einfach schauen, wo das hinführt. Der Junge findet das jedenfalls spannend. Spannender als die Geschichte des Mädchens, das ihm gerade gezeigt hat, wie er sich verhalten soll. Schauen wir es uns also an:

Der Junge kommt auf die Bühne und ersetzt unseren Patrick. Er hat Spaß mit Biggi. Blöderweise kommt Sylvie dazu und erwischt die beiden und ist total sauer. Nach Einschätzung des Publikums wird sie Schluss machen. Der Junge aus dem Publikum nimmt das in Kauf. Offensichtlich will er auf das spannende Abenteuer mit Biggi nicht verzichten. Vielleicht ist er auch noch gar nicht so scharf auf eine feste Beziehung mit all den Einschränkungen, die diese so mit sich bringen.

Ich bin froh, dass wir diese Variante gespielt und den Vorschlag nicht einfach übergangen haben. Ein großer Teil der Jungen fühlt sich angenommen mit dem Wunsch, einfach zu flirten und auszuprobieren. Jeder entscheidet dann für sich, ob er mit der Konsequenz, eventuell die Freundin zu verlieren, leben will oder den spontanen Wunsch nach Abenteuer doch lieber zurückhält.

Wenn wir diesen deutlich vorhandenen Wunsch, diese Lust, einfach übergangen hätten, hätten wir einen großen Teil des Publikums verloren. Wir hätten uns eingereiht in die ewig vernünftigen Zeigefinger. Es wäre eine langweilige Veranstaltung geworden. Immer empathisch sein, verstehen, nicht ausflippen. Wo bleibt da der Saft? Muss der Junge sich schlecht fühlen, weil er das Bedürfnis hat, rumzuknutschen, verschiedene Mädchen anzufassen, Erfahrungen zu machen?

Wir lassen es sich entwickeln und lassen ihn erfahren, was passieren kann, wenn er diesem Wunsch nachgeht. Will er die Konsequenzen in Kauf nehmen? Jeder ist für sein Handeln verantwortlich. Jeder kann entscheiden - wissend um die Wirkung, die sein Verhalten auf den anderen hat. Und wenn sich der Junge dagegen entscheidet, weil er die Freundin nicht verletzen und weil er die Beziehung weiterleben will, dann hat er doch seinen Wunsch nach Abenteuer zumindest wahrgenommen und nicht von vornherein verurteilt und weggeschoben. So bleibt seine Lust und Lebendigkeit erhalten.

Wie wir zu den Themen oder wie die Themen zu uns kommen

Mittlerweile haben wir verschiedene Stücke für Kinder und Jugendliche entwickelt, zu den Themen Freundschaft und Ausgrenzung, Mobbing, Liebe und Partnerschaft, Zwangsverheiratung und Loverboys. Unser Repertoire wächst mit den Anfragen und mit dem Kontakt zu den Kindern und Jugendlichen. Unsere letzte Inszenierung richtet sich an Mädchen. Wir zeigen, wie ein Mädchen sich in einen „Loverboy" verliebt (Loverboy: Junger Zuhälter, der zunächst seine eigentlichen Ziele bewusst verbirgt und sich durch manipulatives Verhalten das Vertrauen junger Mädchen erschleicht). Sie gerät in eine

Abhängigkeit und wird dann von dem Zuhälter bedroht, so dass sie sich nicht mehr aus dem Verhältnis herauswagt. Wir dachten uns, dass das Stück auch für die Jungen interessant sei, da der Zuhälter durch die Macht, Gewalt und das Geld eine große Anziehung auf viele Jungen ausübt. Wir wollten Empathie für die Opfer wecken und hofften bei den Jungen eine kritische Haltung gegenüber Loverboys zu stärken. Die Interaktion zeigte aber, dass zwar viele Impulse da waren, sich von dem Zuhälter abzugrenzen, jedoch die Anziehung und Verlockung, den Weg der Kriminalität zu gehen, sehr stark ist. Diese Wirkung wollen wir mit unserer Arbeit nicht unterstützen. Wir werden das Stück nicht mehr vor Jungen aufführen. Aber die Jungen haben uns gezeigt, dass Gewalt, Macht und Kriminalität ein wichtiges Thema für sie sind. Wir brauchen ein Theaterstück, das es ihnen ermöglicht, den inneren Kampf der Hauptrolle nachzuempfinden, wenn er noch eine Wahl hat, in welche Richtung sein Leben gehen soll. Es muss ein Stück mit mehreren männlichen Identifikationsfiguren sein. Sobald wir eine Finanzierung hierfür haben, werden wir dieses Stück entwickeln.

Voraussetzungen für gelungene Forumtheaterprojekte an Schulen

Wenn schon einzelne Theaterveranstaltungen von externen Künstlern so eine Wirkung entfalten, welches Potenzial steckt dann in Schulprojekten, in denen Kinder ihre eigenen „Powerplays" entwickeln, diese mit ihren Mitschülern und Eltern zusammen verändern und bestenfalls auch noch selbst moderieren?

Der Hirnforscher Gerald Hüther sagt, dass das Gehirn mit Lachen und Begeisterung und positiver Spannung leichter lernt. Wenn diese positive Spannung auch noch eingebettet ist in das Gefühl der Gemeinschaft: Wir sind hier zusammen in einem Boot und schaffen es irgendwie aus dem Unwetter heraus zu navigieren - dann kann sich der Lernprozess entspannt ausbreiten und verankern.

So erlebe ich es in unseren Theaterveranstaltungen: Das gemeinsame Suchen, 1 ½ Stunden Aufmerksamkeit nahezu aller Anwesenden, lachen, erkennen, einen Schritt weiterkommen. Viele tragen ein kleines Stück dazu bei und am Ende gehen die meisten mit einem positiven Gefühl hinaus: „Ich bin nicht allein" und „Es geht doch!"

Das Projekt „Powerkids" an der Grundschule Brückenstraße in Eitorf geht noch einen Schritt weiter: Hier erleben wir, wie Forumtheater Bestandteil der Schulkultur werden kann und starke Kinder hervorbringt, die mit Begeisterung Einfluss nehmen und sich für Gerechtigkeit und achtsames Miteinander einsetzen, ohne dabei brav und wohlerzogen zu sein, sondern wild, aufgekratzt und ungewöhnlich.

Die Schule ist eine ganz normale Grundschule in einer strukturschwachen, ländlichen Region mit relativ hohem Migrantenanteil. Das Projekt wird durch Mittel des Bundesministeriums für Bildung und Forschung über die Ausschreibung „Künste öffnen Welten" der Bundesvereinigung kulturelle Kinder- und Jugendbildung finanziert, was eine dreijährige kontinuierliche Kooperation mit der Schule und der Schulsozialarbeit ermöglicht.

Die Kinder strömen in Scharen in das Projekt, auch jene Kinder, die am Nachmittag nicht in der offenen Ganztagsschule sind. Auch Kinder, deren Eltern sich nicht für Theater und Kultur interessieren. Die acht- bis zehnjährigen Kinder schaffen es allein, regelmäßig zu den Treffen zu kommen. Sie erinnern sich gegenseitig. Und wenn sie es mal vergessen oder nicht kommen können, schreiben sie schon mal einen Brief: „Ich konte heute nicht zum teater komen, weil wir auf einem Geburztag waren. Ich bin ganz traurig."

Im Rahmen des Projektes bieten wir Ferienworkshops und wöchentliche Nachmittags-Kurse an. In den Ferienworkshops dürfen auch die ganz Kleinen (ab 1. Klasse) teilnehmen. Hier spielen wir viel und die Kinder nehmen sich hin und wieder Auszeiten. Das dürfen sie. Es sind Ferien. Am ersten Tag sammeln wir Situationen, die die Kinder erlebt haben: „Was habt ihr erlebt, was nicht gut war? Wo habt ihr euch geärgert, wo wart ihr unzufrieden? Ist etwas Blödes passiert?" Viele Geschichten prasseln auf uns ein. Ich schreibe alles auf. Dann schlage ich ein paar Situationen vor, die sich für Forumtheater eignen. Die Kinder teilen sich zu den Szenen ein und entwickeln die Szenenkerne selbst.

Bevor der wöchentliche Kurs losgeht, gehen wir durch die Klassen und machen auf das Angebot aufmerksam. Hier sammeln wir auch schon Themen, die die Powerkids spielen sollen. Hin und wieder ergibt sich auch ein aktuelles Thema in einer Klasse, das wir aufgreifen und dann für die Klasse spielen. Wir haben auch schon Konflikte inszeniert, die im Kurs selbst vorgefallen sind. Wenn der Konflikt in der Szene deutlich ist, suchen wir uns ein Publikum: Entweder eine Klasse oder eine Gruppe von Kindern aus der Nachmittagsbetreuung. Die Kinder spielen die Szene und die Kinder im Publikum probieren Lösungen aus. Dabei beteiligen sich auch die Powerkids an der Lösungssuche. Am Ende des Halbjahres gibt es eine größere Aufführung mit mehreren Szenen für Eltern, Geschwister, Lehrer und OGS-Kinder. Für jede Szene werden im Publikum Lösungen gefunden. Wenn es in den Szenen Elternrollen gibt, sind die Eltern gefragt und versuchen, es „besser" zu machen. Auch Lehrer bekommen die Gelegenheit, sich einzubringen. Eltern und Lehrkräfte bekommen hier einen tiefen Einblick in das Erleben der Kinder und sie sehen, welches Potenzial in ihnen steckt.

Auf einem Elternsprechtag baten mehrere Eltern die Lehrerin am Mittwoch, dem Powerkids-Tag, nicht so viele Hausaufgaben aufzugeben. Das Theater sei sowieso viel wichtiger und würde mehr bringen. Das teilte uns die Lehrerin mit einem anerkennenden Augenzwinkern mit.

Einmal im Halbjahr gehen wir – dank der Bundesförderung – mit den Powerkids ins Theater: Ein Tagesausflug mit der Bahn nach Köln oder Bonn. Die Kinder sind aufgekratzt und begeistert. Sie holen sich Autogramme von den Schauspielern und reden noch die ganze Bahnfahrt über das Stück.

Es fällt auf, dass Kinder, die schon einmal bei den Powerkids waren, bei der Lösungssuche neuer vorgestellter Szenen viel schneller, engagierter und findiger sind. Einige Kinder sind schon seit mehreren Kursen dabei. Es zeigte sich, dass sie das Prinzip schon so verinnerlicht hatten, dass ich mir vorstellen konnte, dass sie selbst das Forum moderieren. Elif bekam leuchtende Augen als ich ihr den Vorschlag machte. Sie meisterte mehrere Foren ganz selbstverständlich und holte eine Menge aus dem Publikum heraus. Auch andere Kinder versuchten sich, noch etwas schüchtern. So entstand die Idee, das Projekt auf die benachbarte, weiterführende Schule auszuweiten. Hier fand ich viele ehemalige Powerkids wieder. Jetzt wollen wir die Kleinen und die Großen zusammenbringen. Wir werden sehen, was sie voneinander lernen wollen. Ein Projekt, das ganz von selbst immer weiter wächst, weil sich immer wieder zeigt, wo etwas sinnvoll ist. Das zeigen die Kinder selbst.

Was braucht es, damit sich so ein Projekt im Rahmen von Schule so positiv entfalten kann?

1. Es muss freiwillig sein. Ein Kind, das nicht mehr mitmachen möchte, darf aufhören. Wenn es schon eine wichtige Rolle hat, die so schnell nicht ersetzt werden kann, versuchen alle, es zu überreden zu bleiben. Da die Powerkids aber gemeinsam lernen, findet sich meistens guter Ersatz, falls das Kind wirklich aufhören will. In einem anderen Schulprojekt, in dem die Kinder zwar zwischen verschiedenen Angeboten wählen durften, sich aber nicht frei fühlten, da das Projekt spürbar im schulischen Rahmen verankert war, hatten wir große Schwierigkeiten, die Kinder wirklich zu gewinnen. Der Prozess,

etwas Gemeinsames zu kreieren, war zäh. Es war sehr schwer, die allgemeine Grundhaltung: *alle gegen alle* zu überwinden.

2. Es muss von der Schulleitung unterstützt werden: Entsprechende Räume müssen zur Verfügung gestellt werden. Wenn die Schulleitung offen ist, die Kinder für kleine Auftritte vom Unterricht frei zu stellen und im Lehrerkollegium für Unterstützung zu werben, dann nutzen Lehrerinnen die interaktiven Aufführungen mit ihren Klassen, greifen Themen auf, bekommen die Möglichkeit, das Potenzial, aber auch die Nöte ihrer Schüler zu sehen. Sie geben dann auch mal etwas von ihrer Unterrichtszeit dafür ab.

3. Je längerfristiger das Projekt angelegt ist, desto besser. Die Kinder haben Zeit, die Kursleiter, Schauspieler oder Theaterpädagogen und die Methode kennenzulernen. Es kann sein, dass sie erst mal nur im Publikum sitzen und betroffen sind. Bei einer anderen Aufführung zu einem späteren Zeitpunkt kommen sie als Zuschauer auf die Bühne und haben ein kleines Erfolgserlebnis. Irgendwann haben sie den Impuls bei dem Projekt mitzumachen. Sie haben schon mehrfach miterlebt und ausprobiert, „wie es geht", und dann begeben sie sich ganz natürlich in den Prozess der Stückentwicklung hinein. Die Kinder erwerben mit der Zeit eine „Forumtheaterkompetenz", d.h., sie können Forumtheaterszenen entwickeln. Sie kennen die Regeln und den Ablauf der interaktiven Phase einer Aufführung. Sie wissen, worauf es ankommt und sie können andere Kinder mitziehen. So fangen wir nicht jedes Mal bei null an und Kinder, die neu in die Gruppe kommen, lernen schnell von den anderen.

4. Am wichtigsten aber ist die Haltung der Kurs- bzw. Workshopleiter. Das System Schule ist – so wie überhaupt unser ganzes Leben – voller Bewertungen, und es braucht eine große Wachsamkeit, um sich nicht in das System hineinziehen zu lassen. Wenn einem dies bewusst ist, bietet die Forumtheater-Arbeit aber einen guten Anker hierfür. Benennen,

aber nicht bewerten. Dies gilt auch für Störungen, die natürlich zuhauf auftreten. Ruhig, freundlich benennen, aufmerksam machen. Immer wieder. Nicht verurteilen. Kinder, die einen großen Bewegungsdrang haben, brauchen ihre Freiheit. Gut ist es, wenn sie zwischendurch raus dürfen und sich austoben oder entspannen können. Einige Szenen spielen wir ohne Worte. Dann ist der körperliche Einsatz mehr gefragt. Musik hilft. Im Rahmen der Forumtheater-Arbeit entwickelt man einen Blick für die kleinen Schritte. Die Lösungen sind oft nicht die von uns gewünschten. Die Kinder haben ihre eigenen Lösungen, aber sie spielen sie mit vollem Einsatz. Die Powerkids sind ehrlich. Sie tun nicht so, als wären sie lammfromm. Sie geben zu, dass sie getreten, geschlagen oder ausgelacht haben. Aber dann suchen sie nach einer Lösung, und es gibt echte Versöhnung. Wir beenden jede Stunde mit einem Wort: Wie war's heute? „Cool!", „Schön!", „Supergut!". Einmal sagten sie „Scheiße" im Chor. In der Stunde danach waren sie dann alle bereit den Konflikt, der die Stunde überlagert hatte, anzugehen, szenisch - als Powerplay*. Und die Hauptbeteiligten fanden im Laufe von mehreren Wochen ganz allein ihre Lösung. So kann es gehen!

*Powerplay: In Anlehnung an „Theater for Living – the art and science of community-based dialog", David Diamond, Trafford Publishing, 2007; deutsche Ausgabe: „Theater zum Leben. Über die Kunst und die Wissenschaft des Dialogs in Gemeinwesen", ibidem-Verlag, 2013.

Applied Action Theater™, eine Anregung für die Theater-der-Unterdrückten-Praxis
Ein Erfahrungsbericht

Dr. Özge Tomruk
Theaterwissenschaftlerin, zertifizierte „Action Theater™"-Lehrerin

1. Meine persönliche Reise

Theorie

Dem Theater der Unterdrückten begegnete ich während des Studiums erst flüchtig. Das Studium der Theater-, Film- und Medienwissenschaft an der Universität Wien beinhaltete in den 90er Jahren, als ich studiert habe, ein weitgefächertes Spektrum von Oper, über Film und Tanz bis zum Straßentheater. Selbstverständlich gehörten die Felder der Theaterpädagogik bzw. des Theaters im Sozialen zum Lehrplan, somit auch Theater der Unterdrückten. Wann und in welchem Kontext ich etwas über diese Theaterform erfahren habe, weiß ich nicht mehr. Es hat zu Beginn bei mir keinen besonderen Eindruck hinterlassen, vielleicht lag es an der Vermittlung, das kann ich heute nicht mehr sagen. Als ich mich im Rahmen einer Vorlesung zu Theatergeschichte mit Dario Fo beschäftigte, tauchte der Name Augusto Boal erneut in der Habilitationsschrift des Professors, der die Vorlesung hielt, auf. Der Professor heißt Ulf Birbaumer, und der Titel seiner 1981 abgeschlossenen Arbeit ist „Theorie und Praxis alternativer theatralischer Kommunikation am nicht-institutionalisierten Theater in Europa nach 1965. Dargestellt am Beispiel der Theaterarbeit von Dario Fo, Augusto Boal und Armand Gatti".

Die Kombination dieser Theatermacher, Dario Fo, Augusto Boal und Armand Gatti, fand ich besonders spannend. Angeregt las ich auch das Theaterstück von Boal „Mit der Faust ins offene Messer". Meine Erinnerung daran besteht nur aus einem einzigen Bild: die Hauptfigur des Stückes, ein Mann auf der Flucht, ein Asylsuchender, lässt seinen Schuh auf den Boden fallen, immer woanders, eben auf der Flucht. Ansonsten erinnere ich mich, dass ich etwas enttäuscht war, weil das

Stück mich nicht beeindruckte, im Gegensatz zu Dario Fos Theaterstücken und Schriften. Da war ich noch am Anfang des Studiums und wertete wahrscheinlich das Theater ziemlich am Text. Vielleicht lag es aber auch an der Übersetzung. (Seitdem ich in dem Feld tätig bin, ist mir die Wichtigkeit dieser wenig geschätzten Arbeit besonders bewusst.) Die Unterscheidung zwischen Theaterautor*in bzw. Dramatiker*in und Theatermacher*in wurde mir zu dieser Zeit klar. Was sonst Augusto Boal produziert hat, nämlich das Theater der Unterdrückten, damit beschäftigte ich mich allerdings nicht weiter, da ich kein Interesse hatte, in die Richtung tätig zu werden, weder praktisch noch wissenschaftlich. Angeregt wurde ich allerdings von Dario Fo als Dramatiker und Theatermacher. Daraufhin entschied ich, mich für meine Diplomarbeit mit der Theaterarbeit eines in Istanbul tätigen, türkischen Theatermachers zu befassen, der mehrere Parallelen zu Dario Fo aufweist. 2002 schloss ich mein Studium mit der Diplomarbeit „Die tradierten türkischen Volkstheaterformen Ortaoyunu, Karagöz, Meddah und ihr Einsatz in der Theaterarbeit von Ferhan Şensoy" ab.

Das Studium war ausschließlich ein wissenschaftliches und ich hatte auch keine Ambitionen, praktisch tätig zu werden. Das einzige praxisorientierte Seminar „Theater mit Kindern", wo tatsächlich eine Aufführung mit Kindern vorbereitet wurde, habe ich „zufällig" mitgemacht und mit dem Thema habe ich mich dann auch nicht weiter beschäftigt. Aus heutiger Sicht betrachtet, ist allerdings der rote Faden im beruflichen Werdegang ziemlich sichtbar.

Übergang

Erst gegen Ende des Studiums war mein Interesse an der Ästhetischen Bildung durch Dr. Heiner Zametzer geweckt, ein Kulturpolitiker aus München, der als Gastdozent an das Wiener Institut für Theater-, Film- und Medienwissenschaft und als „Aufmischer" in die Stadt kam. Sein Seminar „Jeder Mensch ist ein Künstler" und sein Projekt „ival" waren nicht nur richtungsweisend, sondern auch bestimmend für meinen Werdegang. IVAL, International Vienna Art Lab, war ein interdisziplinäres Kunstprojekt mit Jugendlichen, das zwischen 2001–2003 in Wien durchgeführt wurde. Mehr als 100 Mädchen und Jungen arbeiteten an künstlerischen Kleinprojekten. Aus diesen bildete sich ein Theater-Ensemble heraus, das unter professioneller Anleitung ein Bühnenstück entwickelt hat, das im Juni 2003 uraufgeführt wurde.

Durch meine langjährige ehrenamtliche Tätigkeit in einem Jugendwohnhaus waren mir die Grenzen und Möglichkeiten der Sozialen Arbeit bekannt. Aus diesem Grund wurde ich auf diese Form der Jugendkulturarbeit neugierig. Ich war Teil einer Studierendengruppe, welche den Anfang dieses Projektes begleitete und den Prozess wissenschaftlich reflektierte. Daraus entwickelte ich mein Dissertationsprojekt, um es mir zu ermöglichen, mein Forschungsvorhaben als eine Begleitstudie durchzuführen. Noch immer war mein Interesse ein wissenschaftliches und ich hatte keine Ambitionen praktisch tätig zu werden.

Nach einiger Zeit wurde das Projekt eingestellt und somit war mein Forschungsobjekt nicht mehr verfügbar. Dies gab mir den Anstoß, über den Tellerrand zu schauen und woanders fündig zu werden. 2003 in Berlin angekommen, war die erste Anlaufstelle für mich Theaterpädagogik an der Universität der Künste. Ich wollte Jugendprojekte, mit Fokus auf ästhetisch-kulturelle Bildung recherchieren. Durch die begrenzte Zeit, die ich als Austauschstudierende zur Verfügung hatte, war es klar, dass ich keine Begleitstudie mehr machen konnte und für Anregungen offen war. Eine Offenheit zeigte sich gleichzeitig auch für die praktische Seite der Theaterarbeit. Mit Herzklopfen und Beklommenheit wagte ich mich in ein Paar praktische Seminare. Das Leben und das Studium in Berlin bewirkten ein Perspektivenwechsel in den Bereichen der eigenen Forschungsarbeit und der Reflexion des eigenen Migrationshintergrundes.

Das Forschungsjahr war schnell zu Ende und ich hatte mehrere Einblicke und Eindrücke bekommen. Angeregt durch das Theaterpädagogik-Studium an der UdK kam ich auf die Idee, in die Praxis des Theaters der Unterdrückten zu schnuppern. Nach kurzer Recherche bin ich „zufällig" auf eine Möglichkeit gestoßen. Ein Theatermacher namens Harald Hahn (der Herausgeber dieses Bandes) kündigte auf seiner Webseite an, dass er ein Forumtheater-Workshop mit anschließender Aufführung an einem öffentlichen Ort anbiete. Zudem war das Ganze in meiner Nachbarschaft, also war ich sogar eine

„Betroffene", wie es das TdU oftmals zu bezeichnen pflegt. Jetzt war ich motiviert, praktisch tätig zu werden.

Praxis

Der Kontakt zu Harald Hahn war schnell hergestellt. Schon im Vorfeld habe ich mein wissenschaftliches Interesse angekündigt. Ich legte dar, dass ich den Zugang zur Erkenntnis über das "Selbsttun" gerne mal ausprobieren wollte, allerdings keine Ambitionen habe, sonst praktisch tätig zu werden. Mir fiel damals nicht einmal ein, dass ich „inkognito" an dem Projekt teilnehmen und so meine Forschung betreiben konnte, sondern ich stellte mich als Theaterwissenschaftlerin vor, die zu dem Thema forscht. Drei Tage lang wurde mit den Teilnehmer*innen im Nachbarschaftshaus Urbanstrasse an Forumtheaterszenen gearbeitet und diese wurden im Rahmen des Gräfekiez Straßenfestivals aufgeführt. In einer der Szenen habe ich als Spielerin mit einem ZuschauSpieler eine Auseinandersetzung zwischen einem getrennten Paar dargestellt. Die Veränderung beider Figuren und der Situation während des Spielens hat mich nachhaltig geprägt. Die Transformationskraft des Spiels hat mir imponiert. Ab diesem Zeitpunkt hatte ich immer mehr Ambitionen entwickelt, neben der wissenschaftlichen Tätigkeit auch praktisch zu arbeiten, so wie es oft bei den PraktikerInnen des TdU zu beobachten ist. Das Erfahren am eigenen Leibe führt zu einem Perspektivenwechsel.

Nachdem ich mich durch mehrere Fortbildungen in TdU weitergebildet habe, kam auch eines Tages das Bedürfnis auf und dann auch die Anfrage, das Angeeignete anderen Interessierten anzubieten. Zu diesem Zeitpunkt hat mich auch Harald Hahn mit seinen Worten unterstützt: „Andere kochen auch nur mit Wasser."[1] Im Rahmen von Bildungsangeboten von AAI (Afro Asiatisches Institut Wien) habe ich eine Reihe Forumtheater-Workshops mit anschließenden öffentlichen Auftritten angeboten. Dazu kamen weitere Projekte des AAI in der Jugend- und Erwachsenenbildung. Während dieser Zeit kamen

1 Zum Thema Zertifizierung und Benutzung der Methoden siehe Tomruk, Özge: Training fürs Leben. Methoden improvisierten Theaters: Action Theater™ und Forumtheater. Aisthesis-Bewusstsein-Veränderung, Wien 2007, unveröffentliches Manuskript, S. 38-43.

andere Formen von Theaterarbeit in meinem Tätigkeitsfeld dazu, zum Beispiel die theaterpädagogische Vorbereitung für Schulklassen während eines interkulturellen Kindertheater-Festivals.

Angeregt durch die Spielerfahrungen traute ich mir zu, wieder Action Theater™, auszuprobieren, das ich während des Forschungsjahres „zufällig" an der UdK kennengelernt hatte. Zu der Zeit schien mir dessen Kraft und Potenzial, sich selbst und der Welt zu begegnen, unheimlich und beängstigend. Die Vielschichtigkeit dieser Arbeit überforderte mich, und zugleich war ich genau an dieser Vielschichtigkeit interessiert. Parallel zu den Fortbildungen im TdU fing ich an, mich in Action Theater™ weiterzubilden. Im Gegensatz zu TdU kam die theoretische Auseinandersetzung erst nach der Praxis. Um einen Beitrag in der Wissenschaft zu leisten, baute ich Action Theater™ in meine Dissertation ein, die ich unter dem Titel „Die improvisierten Theaterformen Forum Theater und Action Theater™ - Aisthesis Bewusstsein Veränderung" 2008 abgeschlossen habe.

Über die Jahre absolvierte ich mehrere Stunden von Workshops, Performances und eigenständige Trainings[2] im Studio. 2011 schloss ich die Lehrerzertifizierung in Action Theater™ bei der Gründerin Ruth Zaporah ab.

Je mehr ich in Action Theater™ eintauchte, desto mehr hat diese Form alles andere, in dem ich tätig war, beeinflusst, unterstützt und getragen. Beim Unterrichten, auf der Bühne oder im Leben schöpfe ich aus dieser Arbeit als Quelle für meine Handlungen (actions) und Reflexionen. Auch meine Praxis mit TdU wird stets davon bereichert und inspiriert.

---

2 Training bedeutet im Action Theater™ das, was bei Improtheater oder im „herkömmlichen" Theater Probe ist. Es geht um das Üben von Fertigkeiten und ist dem Trainingsbegriff beim Sport und den Kampfkunstsportarten näher. Somit ist es mit dem von der Wirtschaft vereinnahmten Begriff von Training (Leistungsverbesserung, Staff Training usw.) nicht gleichzusetzen.

2. Theater der Unterdrückten / TdU

2.1. TdU in der Theaterwissenschaft: Wiener Institut für Theaterwissenschaft

Ich habe wie anfangs beschrieben an der Universität Wien Theaterwissenschaft studiert. Die genaue Bezeichnung war Theater-, Film- und Medienwissenschaft, genauso wie das Institut heißt. Das Besondere an diesem Studium war und ist, dass Theater, Film und elektronische Medien im Fokus der Forschung und Lehre stehen. „Als Wissenschaft, die sich mit szenischen Vorgängen und inszenierter Wahrnehmung befasst, untersucht die Theater-, Film- und Medienwissenschaft diese Phänomene in den jeweiligen Medien bzw. Künsten – in historischer Perspektive und unter dem Aspekt ihrer Aktualität."[3]

Die Recherche über das TdU für meine Dissertation ergab zu der Zeit, dass Augusto Boal und sein Theater der Unterdrückten einen „populären" Arbeitsbereich darstellte. Die Forschungslage über das TdU war dominiert von der Sozialen Arbeit und Theaterpädagogik. Die Forschungen und Projektberichte stammten mehrheitlich von den Praktiker*innen. Ein Teil dieser Arbeiten war zum Teil so sehr von „Enthusiasmus" gefärbt, dass von wissenschaftlicher Auseinandersetzung kaum zu sprechen war. „Boal scheint wie Moreno zu einem *Mythen* zu werden."[4]

Die Theaterwissenschaft hingegen hatte sich wenig mit dem Thema auseinandergesetzt. Zudem fehlte den Forschungsarbeiten, die sich Boals Theater in einem theaterwissenschaftlichen Bezugsrahmen annäherten, oft die notwendige Pforte in die Praxis. Daraus folgte die Feststellung, dass die Habilitationsschrift von Professor Ulf Birbaumer eine seltene Erscheinung im Fach Theaterwissenschaft war. Zum Teil vertraten nämlich Theaterwissenschaftler*innen die Meinung, dass beispielsweise Unsichtbares Theater kein Theater sei, denn das Theater basierte auf der Abmachung zwischen Schauspieler und

3 https://tfm.univie.ac.at/institut/ 22.03.2016

4 Tomruk, Özge: Training fürs Leben. Methoden improvisierten Theaters: Action Theater™ und Forumtheater. Aisthesis-Bewusstsein-Veränderung, unveröffentlichtes Manuskript, S. 13.

Zuschauer, dass „A spielt B und C schaut zu". Wenn die Zuschauer*innen wie beim Unsichtbaren Theater nicht wüssten, dass sie bei etwas Gespieltem zuschauen, dann ist diese Abmachung gebrochen. Und die beim Forumtheater angelegte Form des Mitspiels bricht die vierte Wand, die das klassische Theater aufgestellt hat. Natürlich hat das zeitgenössische Theater schon längst die „authentischen" Darsteller*innen, das Mitspielen und die Improvisation für sich entdeckt. Trotzdem kann man nicht behaupten, es seien die üblichen Elemente, wie es beim TdU der Fall ist. Wenn es um die Institution Theater geht, ist es eher der Fall: „Das Mitspieltheater ist ja bei vielen Zuschauern klassischerweise verhasst."[5] Trotzdem gewinnt es an großen Bühnen immer mehr an Popularität, nicht umsonst widmete die Zeitschrift *Die deutsche Bühne* einen Schwerpunkt dem Thema „Zuschauer als Mitspieler, Befreiung oder Zumutung?"[6].

Die Theaterwissenschaft am Wiener Institut befasste sich wie erwähnt mit allen möglichen Formen des Theaters, vom Straßentheater bis hin zur Oper. In der Fachbibliothek des Institutes war diese Vielfalt visuell sichtbar, wenn sich die Leser*innen einfach durch die Regale der Freihand-Bestände einen Eindruck geholt haben. Selbstverständlich waren auch Augusto Boal und sein TdU vertreten. Dies erweckte den Eindruck, dass das TdU überall in der Theaterwissenschaft und in der Theaterwelt einen vergleichbaren Stellenwert hätte.

Es war allerdings nicht so...

2.2. TdU in der Theaterlandschaft: Meine Beobachtungen

Sobald es um das Theater als Kunst ging, war das TdU nicht vertreten. Nicht einmal, wenn es um kulturelle Bildung ging. Denn in der kulturellen Bildung waren es Künstler, die mit Kindern und Jugendlichen mit künstlerischen Mitteln arbeiteten, und TdU-Leute waren keine Künstler*innen, sondern „Aktivist*innen". Überall waren Trennungen zu treffen. Ein Angebot mit Jugendlichen an einem Theaterhaus Forumtheater zu machen, wurde abgelehnt mit der Begründung: „Sowas tun wir hier nicht". Auf die Frage, was denn „sowas" wäre,

---

5 Weber, Bettina: Editorial, S. 3, Die deutsche Bühne, Köln, 87. Jahrgang, Januar 2016.

6 Die Deutsche Bühne, Köln, 87. Jahrgang, Januar 2016.

wurde mit „Sozialarbeit" geantwortet. Das Bild der TdU-Praktiker*innen war vertreten, sie wären alle weiß, links, studiert und reisten in die „dritte Welt", um dort mit Theater Einheimische zu „zivilisieren". Wenn sie im eigenen Land tätig waren, ginge es um Rassismus oder Gefängnis, also um Themen, die sie nicht selber betrafen. Sogar wenn es um Frauenrechte ging, war „Zwangsehe" mehr im Vordergrund als die Lohnpolitik oder Unvereinbarkeit von Beruf und Familie.

Dass das TdU in der politischen Bildungsarbeit eine Anerkennung hat und praktisch angewendet wird, ist allgemein bekannt und zeigt seinen Stellenwert auf dem Gebiet. In der institutionalisierten Theaterlandschaft hat es das TdU allerdings erst in den Jugendklub und das Foyer geschafft.

2.3. Meine Erfahrungen mit dem TdU

Meine Einschätzung und Vision war immer, dass das TdU das Potenzial hat, auf die großen Bühnen zu kommen, um ein breiteres Publikum, die Politik und die Anerkennung der Theaterlandschaft zu erlangen. Dafür braucht es selbstverständlich „qualitative" Produktionen mit starken Partnern aus Kultur, Politik und Medien.

Da es meiner Vision näherkommt, möchte ich meine Erfahrungen chronologisch in der umgekehrten Reihenfolge beschreiben, von heute (2017) rückwärts. Über die Jahre habe ich vielfältige Erfahrungen und Eindrücke als Spielerin, Spielleiterin und Zuschauerin, die als Theaterwissenschaftlerin ausgebildet ist, gesammelt. Manchmal waren diese Rollen getrennt, manchmal griffen sie ineinander, so wie es beispielsweise bei Festivals der Fall war.

Legislatives Theater Berlin / LTB

Seit 2009 bin ich aktiv beim LTB um Harald Hahn und Jens Clausen. Bei den Produktionen „Menschen sind verschieden - Rechte nicht" und „Wohin mit Oma?" habe ich als Spielerin mitgewirkt. Ich habe bewusst die Bezeichnung „Produktion" gewählt, da ich bei diesen Projekten die Rahmenbedingungen einer Theaterproduktion erleben konnte, organisatorisch und finanziell gesehen. Die Spieler und Musiker wurden angefragt, ob sie mitmachen würden. Sie haben ein

Honorar erhalten. Die Aufführungen wurden in Theater- oder Kulturhäusern auf Bühnen gespielt. Es wurden Gastspiele außerhalb des Produktionsortes (Berlin) veranstaltet. Es wurden bundesweit mehrere Aufführungen gespielt und diese über längere Zeit. Die Aufführungen hatten darüber hinaus eine Medienwirksamkeit; Videos im Internet, eine gedruckte Broschüre und Berichte in lokalen Zeitungen. Die Kooperation mit einer Stiftung sehe ich als in diesen Punkten unterstützend. Natürlich weist diese Arbeitsweise Unterschiede zur herkömmlichen TdU-Arbeit auf. An dieser Form könnte kritisiert werden, dass dadurch Abhängigkeitsstrukturen entstehen und die Arbeit von einer gewissen Stiftung / Partei instrumentalisiert wird. An einer Stelle wurde auch Kritik ausgeübt, dass Eintrittsgelder bei TdU-Aufführungen fehl am Platz wären. Ich bin da anderer Meinung. Genau wegen der vorhin aufgezählten Punkte bewerte ich als TdU-Praktikerin und Theaterwissenschaftlerin die Entwicklung positiv, dass das TdU sich ähnliche Produktions- und Wirkungsweisen wie das institutionalisierte Theater aneignet.

Österreich

Vor langer Zeit, bevor ich überhaupt wusste, was das TdU war, habe ich im Rahmen meiner Tätigkeit als ehrenamtliche Mitarbeiterin in einem Jugendheim eine Fortbildung zum Thema „Alltagrassismus in der Jugendarbeit" besucht. Es wurde ausschließlich mit der Forumtheatermethode gearbeitet, jedenfalls nach meinen Erinnerungen. Zu der Zeit wusste ich das allerdings nicht wirklich. Ich kann mich auch nicht daran erinnern, ob zu TdU oder Augusto Boal zusätzlich Informationen angeboten wurden oder nicht. Nach dem langen Wochenende hatte ich einen sehr präsenten Eindruck – nämlich „Frust". Denn in einer der bearbeiteten Szenen ging es um eine familiäre Situation, die jegliche Intervention mit einem Sarkasmus abwehrte und letztlich als ausweglos abstempelte. Ich erinnere mich, wie die Spielleiterin mit einem Achselzucken sagte: „Na ja, man kann manchmal nichts machen." Diese resignierende Haltung hat mich verbittert zurückgelassen. Ich fragte mich, was dann das Ganze sollte. Es fühlte sich wie eine gescheiterte Revolution in Kleinformat an. Das Ausgeliefert-Sein hat mich nicht in Ruhe gelassen. Ich stellte über die Jahre in meiner Praxis immer wieder fest, dass die Theaterarbeit für mich in erster Linie, wie Brecht es so treffend beschrieb, die „Veränderbarkeit der Welt" im Fokus haben und eine kritische Urteilskraft und einen Möglichkeitssinn vermitteln soll. Die Figuren auf der Bühne können innerhalb eines Stückes eine „Entwicklung" bzw. eine Veränderung durchlaufen (Hamlet), oder die Zusehende im Theater verändern sich, auch wenn die Figuren sich nicht verändern (Warten auf Godot). Darüber hinaus kann auch medial etwas weitergeleitet werden, dass sich in der Gesellschaft ein Anstoß zur Veränderung ins Rollen kommt (Ausdruckstanz). Alle oder einige können durchaus auf Godot warten. Ich als Zuschauerin kann mir vorstellen, dass ein Schauspieler auf die Rampe geht, mich grüßt und sagt: „Hallo! Ich bin Godot, ich bin gekommen. Sie können nach Hause gehen." Was für eine Veränderung! Was mich interessiert und motiviert, ist der Übergang von Resignation zu Akzeptanz. In meiner Arbeit als Forumtheater-Anleiterin (Facilitator) schöpfe ich an dieser Stelle aus dem Action-Theater™-Fundus. Auch wenn man nichts tun kann, wie es in dem Beispiel beschrieben wurde, geht es darum, dass für die Handende eine Veränderung passiert, zum Beispiel in Form von Bewusstwerdung oder Akzeptanz.

Ein Zitat von meiner letzten Begegnung mit Ruth Zaporah, meiner Action-Theater™-Lehrerin, bestärkt diese Herangehensweise: Mir geht es in der Theaterarbeit um die Akzeptanz und Veränderung der Realität.

> Ruth Zaporah: You have to accept everything what happens in life. I don't mean you have to lay down and let the army trample over you. But when you lay down you have to accept that the army will trample over you.

Begegnung mit Augusto Boal

Ein Workshop in Wien mit Augusto und Julian Boal war eine ernüchternde Erfahrung. Kurz vor dem Workshop wurde von den Organisatoren angekündigt, dass die Teilnehmer*innen im Vorfeld Szenen vorbereiten, damit wir im Workshop direkt mit dem Forumtheater arbeiten können. Es wurden Szenen aus bekannten Dramen mitgeschickt, mit Fokus auf einen Konflikt. Die meisten Teilnehmer*innen waren schon in TdU-Gruppen aktiv, so haben sie eine ausgewählte Szene bearbeitet. Diejenigen, die, so wie ich, nicht der „Szene" zugehörten, mussten sich dann zu einer Gruppe zusammenschließen, sich selbst organisieren, zusammentreffen und eine Szene bearbeiten. So landete ich in einer Gruppe aus relativ unerfahrenen SpielerInnen, und wir haben eigenständig an einer Szene gearbeitet.

Während dieses Workshops konnte ich wichtige Erfahrungen und Erkenntnisse für meine weitere Tätigkeit sammeln.

1.) Boal wusste gar nichts von der Aufgabe, dass wir Szenen vorbereiten sollen.

Das erfuhren die Teilnehmer*innen auf meine Frage hin, wie er denn die Szenen ausgewählt habe. Denn als Theaterwissenschaftlerin interessierte mich nämlich seine Arbeitsweise. Auf welcher Grundlage er Dramen auswählte, anhand derer er bzw. eine Gruppe das TdU, in unserem Falle das Forumtheater, üben könnte.

2.) Ich war die einzige Person mit Migrationshintergrund, zu der Zeit mit ganz wenig Spiel- und Improvisationserfahrung und dazu mit einer Sprachbarriere.

Auf Boals Fragen bezüglich Migration und die Arbeitsweise mit der Zielgruppe wurde nicht näher eingegangen. Ich spürte, wie meine Anwesenheit gewisse Gespräche blockierte. Ich wurde ausgelacht, wenn ich in den improvisierten Szenen etwas falsch oder unverständlich aussprach.

Dieser Workshop war eine der einschneidenden Erlebnisse meiner langjährigen Migrationsgeschichte und auch im beruflichen Werdegang. Wie die Unterdrückung im Leben und sogar im Theater der Unterdrückten vonstattengehen kann, so dass die Beteiligten sie ignorieren, nicht intervenieren, sogar nicht bemerken. Diese Beobachtung ist Österreich nicht eigen, wobei das Katholische sowohl in der Annäherung an das TdU als auch an die Migranten eine Rolle spielt. Allerdings konnte ich ähnliche Beobachtungen auch in Berlin und anderswo in Deutschland machen. An dieser Stelle ist eine positive Erfahrung vor mehreren Jahren zu erwähnen: In einem theaterpädagogischen Werkstatt an der Schaubühne am Leninerplatz hat dessen Leiterin Uta Plate es direkt angesprochen, was alle sonst immer ignorieren; nämlich, dass ich ein Mensch mit Migrationshintergrund bin und dies auch eine Rolle im Spiel spielt. Sie stoß auf Abwehr der anderen Teilnehmer*innen, aber ich fand es großartig, dass endlich jemand es offen thematisiert hatte.

Schwierigkeiten liegen an der Vielschichtigkeit dieses Themas. Auf der einen Seite möchte man eine inkludierende Gesellschaft sein, in der Unterschiede keine Rolle spielen. Auf der anderen Seite führt dies zu einer Ignoranz der Unterschiede. Die Vielfalt braucht eine mehrschichtige Sichtweise.[7] Natürlich gehört die Migrationsgeschichte zu meinem Wesen, allerdings ist es auch nicht das einzige, was mich ausmacht. Somit bin ich nicht die Zuständige für Angelegenheiten bezüglich der Türkei oder Österreich. Trotzdem kommt es immer wieder vor, dass ich dazu befragt werde.

Exkurs: Türkei

Als ich für meine Dissertation recherchierte und über den weltweiten Einsatz von TdU erfuhr, wurde ich aufmerksam auf die Anwendungen in der Türkei. Auf der damals aktiven TdU-Webseite (www.theatreoftheoppressed.org) waren Gelbe Seiten und dort gab es weltweit Namen und Theater, die mit diesen Methoden arbeiten. Da mein Fokus auf der Forschung lag, war ich an den wissenschaftlichen Texten und Projektbeschreibungen interessiert. Dort fand ich eine Master Thesis und eine Dissertation von zwei türkischsprechenden Forscherinnen, beide waren auf Englisch verfasst. Somit war es nicht einmal nützlich, dass ich Türkisch sprach. Eine Arbeit handelte von der Unmöglichkeit, TdU in der Türkei zu praktizieren[8], und die andere war

---

7 DIVERSITY. ARTS. CULTURE – Berliner Projektbüro für Diversitätsentwicklung, http://www.kulturprojekte.berlin/blog/diversityartsculture-berliner-projektbuero-fuer-diversitaetsentwicklung/ (am 19.10.2018) ist auf diesem Weg eine willkommene Entwicklung im Bereich von „Kunst und Kultur".

8 Gökdag, Ebru: Theatre of the Oppressed and its application in Turkey, University of Nebraska, 2002.

über den „wunder"baren Einsatz mit Frauen in einem Istanbuler Viertel[9].

Beiden Verfasserinnen bin ich über die Jahre sporadisch begegnet. Aus der Distanz konnte ich einigen ihrer Arbeiten folgen. In der Tat weiß ich wenig über ihre Arbeit. Trotzdem landete ich in einer Rundmail, die 2012 an einige TdU-Praktizierende weltweit gerichtet war. In dem Schreiben ging es darum, die Leser*innen zu informieren, dass einige westliche Praktizierende Fördergelder beantragten, um in der Türkei zu arbeiten, ohne jemals die dort Praktizierenden einzubinden oder gar zu informieren. Es beinhaltete auch einen Appell, nicht zu kommen, da dadurch die Geldgeber bestärkt wären, die dort Praktizierenden zu ignorieren.

Die Verhältnisse in meinen und ihren Tätigkeitsfeldern sind nicht vergleichbar. Nicht nur zwischen den Ländern, sondern auch zwischen Städten und innerhalb der Städte gibt es gravierende Unterschiede, mit wem und wie gearbeitet wird. Dies wurde mir sowohl bei den Fortbildungen und Treffen von Sabisa[10] als auch bei der Lektüre der Projektbeschreibungen und Berichte immer wieder klar. Somit finde ich es schwierig, von einer "Szene" des TdU zu sprechen. Vielleicht existiert die weltweite Webseite www.theatreoftheoppressed.org aus diesem Grund nicht mehr.

Dass es ein Gefälle zwischen den Welten gibt, ob und wie dies zu überbrücken ist, und wie wir voneinander lernen können, dafür gibt es bereichernde Beispiele wie die Arbeit von Sabisa.

Um einen Beitrag für einen „grenzenüberquerenden" Austausch zu leisten, übersetzte ich das Handbuch für Action Theater™ aus dem Englischen ins Türkische.[11]

---

9 Karabekir, Jale: Performance As a Strategy for Women's Liberation: The Practices of Theatre of the Oppressed in Okmeydani Social Centre, Bogazici Universität, 2004.

10 www.sabisa.de sabisa - performing change ist ein gemeinnütziger Verein, der Theater und Performance in der Konfliktbearbeitung und der Auseinandersetzung mit sozialer Ungleichheit und Diskriminierung nutzt.

11 Zaporah, Ruth: Action Theater, Doğaçlama Tiyatro Yöntemi, İstanbul: Mitos Boyut, 2012.

3. Action Theater™ / AT

Action Theater™ ist eine körper- und bewegungsorientierte Improvisationsmethode, in der das Bewusstsein, die Aufmerksamkeit und die Wahrnehmung im Vordergrund stehen. Es ist sowohl eine Trainingsmethode als auch eine Bühnenform. Es hat Elemente aus anderen Theater-, Tanz- oder Musikimprovisationen. Allerdings ist es grundlegend anders als diese, denn hier geht es darum, dass die Spieler*innen den wechselnden Inhalten der eigenen Wahrnehmung folgen und darauf mittels Bewegung, Vokalisation und Sprache antworten. Diese drei Bereiche werden gleichwertig gesehen und eingesetzt. Es geht nicht nur um Form, wie es bei Tanzimprovisation oft der Fall ist, und es geht auch nicht nur um Inhalt, wie es oft bei Theaterimprovisation zu erleben ist. Inhalt und Form gehören immer zusammen.

Der Körper ist die Hauptquelle der Handlung. Die Aufmerksamkeit auf die körperlichen Empfindungen schärft die Wahrnehmung. So werden Gefühle, Gedanken, Erinnerungen, Imagination und Intuition geweckt, welche die Handlung der SpielerInnen gestalten.

Die Elemente Zeit, Raum, Form, Dynamik werden getrennt voneinander erforscht und zusammengeführt. So wie Bewegung, Stimme im Sinne von Vokalisation, Sprache getrennt geübt und zusammengeführt wird.

Zuhören, Beziehung und Komposition sind weitere Elemente, die geübt und eingesetzt werden.

Somit stellt die Improvisationsmethode Action Theater™ nicht nur eine Trainingsmethode für die Bühne, sondern auch für das Leben dar.

3.1. AT in der Theaterwissenschaft

Allgemein bekannt ist die Improvisation für das Publikum im künstlerischen Kontext in der Musik. Weniger beachtet wird, dass die Improvisation im Theater eine lange Tradition hat. Von der Commedia dell'Arte bis zum orientalischen Erzähler Meddah oder in der Überlieferung des „Populären Theaters" stehende acteur-conteur (Schauspieler/Geschichten-Erzähler) basieren die meisten Formen von tradierten Volkstheaterformen auf Improvisation. Die Erscheinungsform der Volkstheatertradition wird oft mit dem Begriff „Imitatio" charakterisiert. Der Imitatio, wie das Wesensmerkmal jedes volkstümlichen Theaters, eignet sich die Spontaneität beziehungsweise das Stegreifspiel.[12]

Im Zusammenhang mit dem Volkstheater spricht der italienische Theatermann Dario Fo vom *„Beruf des Improvisierens"*. „Man ging ohne jede Probe auf die Bühne, warf zuvor einen Blick auf den Fahrplan mit den Szenen und Auftritten und begann völlig aus dem Stegreif."[13]

Aus theaterwissenschaftlicher Sicht wird der Improvisation in zwei Bereichen Achtung geschenkt. Erstens als Teil von Schauspielausbildung bzw. Schauspieltraining und zweitens als Teil eines Bühnengeschehens. Als selbstständige Bühnenform findet sie kaum Beachtung. Ein wesentlicher Grund dafür kann folgendermaßen beschrieben werden:

> „Improvisation ist ständig im Fluss, niemals stabil und festgeschrieben; sie entzieht sich exakter Beschreibung und Analyse, sie ist von Hause aus unakademisch. Mehr noch: Jeder Versuch, Improvisation zu beschreiben, stellt in gewisser Hinsicht eine Verfälschung dar, denn der Wesenskern spontaner Improvisation läuft dieser Absicht zuwider und steht im Gegensatz zum Gedanken der Dokumentation."[14]

Trotzdem gibt es wissenschaftliche Auseinandersetzungen mit dem Thema Improvisation. Durch den Bologna-Prozess und Veränderungen an den Hochschulen gibt es außerdem zunehmend künstlerische Forschungsarbeiten, die sich dem Thema widmen.

Speziell über Action Theater™ gibt es wenige schriftliche Analysen. Sie bestehen aus einigen englischsprachigen journalistischen Artikeln, Interviews und Forschungsarbeiten. Im deutschsprachigen Raum

---

12 Edinsel, Kerim: Karagöz unterwegs im der Welt der farbigen Schatten, in: Kasper-Karagöz-Karagiosis, Politisches Theater auf der Puppenbühne. Christiane Schrübbers (Redaktion). Berlin: Ararat, 1985. S. 24.

13 Fo, Dario : Kleines Handbuch des Schauspielers / Dario Fo. Mit e. Beitr. von Franca Rame. - 3. Aufl. . - Frankfurt am Main : Verl. d. Autoren, (1989)1997, S. 17.

14 Bailey, Derek: Improvisation: Kunst ohne Werk, Hofheim: Wolke, 1987, S. 7.

wurde eine Diplomarbeit an einer deutschen Fachhochschule fertiggestellt, und die Dissertation der Verfasserin wurde an einer österreichischen Universität abgeschlossen. Als Primärliteratur sind das Handbuch *Action Theater, The Improvisation of Presence*[15] und weitere zwei Bücher und eine Lern-DVD von der Entwicklerin der Methode, Ruth Zaporah, zu zählen.

3.2. AT in der Theaterlandschaft: Meine Beobachtungen

Action Theater™ wird von Tänzer*innen, Schauspieler*innen, Musiker*innen und Performancekünstler*innen als Weiterbildung in Anspruch genommen. Zudem benutzen die Methode auch Menschen, die therapeutisch und medizinisch arbeiten, als Bereicherung für ihre Tätigkeitsfelder. Für persönliche Entwicklung, Empowerment oder spirituelle Tätigkeit kommt die Methode auch zum Einsatz. Die Theaterpädagogik und Theater im Sozialen, Ästhetische / künstlerische Praxen in der Sozialen Arbeit oder das „Applied Theatre" kann durch die Action-Theater™-Arbeit bereichert werden. Der angelsächsische Begriff „Applied Theatre" ist vor einiger Zeit von der deutschen Theaterwissenschaft aufgenommen worden. Die zum Teil mit der Theaterpädagogik überschneidende Forschungspraxis hat zu Recht zu Diskussionen geführt.[16] Diese und die anderen oben aufgezählten Disziplinen haben ihre spezifischen Arbeitsfelder und Methoden, nichtsdestotrotz haben sie auch Gemeinsamkeiten, wenn sie sich mit den Themen Kunst-Bildung-Soziales beschäftigen. Ohne ihnen ihre Eigenständigkeit abzusprechen, plädiere ich für einen Austausch ohne Ignoranz und Arroganz.

Auf der Bühne als pure Form ist Action Theater™ nur selten zu treffen, zudem der Name geschützt und die Vertreter*innen nur wenige sind.[17] Ob und inwieweit andere improvisierende Künstler*innen in

---

15 Zaporah, Ruth: Action Theater, The Improvisation of Presence, Berkeley: North Atlantic Books, 1995.

16 Vaßen, Florian: Theaterpädagogik und / oder applied theatre? Plädoyer für eine präzise und praktikable Begrifflichkeit, in: Zeitschrift für Theaterpädagogik, April 2017, Heft 70, S. 60-62.

17 http://www.actiontheater.com/teachers.htm am 16.04.2016

ihren Auftritten von der Methode beeinflusst sind, kann nicht festgehalten werden.

Durch die Kombination von Bewegung, Vokalisation und Sprache ist Action Theater™ sowohl in der Tanz- als auch in der Theaterlandschaft zu Hause. Somit können sowohl Tanzorte wie Tanzfabrik als auch Improvisationstheater-Festivals mögliche Auftrittsorte sein. Der Überbegriff Performance scheint da eine Brückenfunktion zu haben. Ein Ort wie Mime Centrum Berlin stellt in diesem Zusammenhang einen passenden Raum für Action-Theater™-Aktivitäten (sowohl Trainings als auch Auftritte) zu Verfügung. Auch Orte für Improvisationskunst wie das Exploratorium in Berlin stellen eine Möglichkeit dar, Action Theater™ zu "erleben".

3.3. Meine Erfahrungen mit AT

Meine Einschätzung und Vision für Action Theater™ kann unter dem Begriff "Applied Action Theater™" zusammengefasst werden. Die Bühnenform und die Trainingsmethode sowohl für Bühne und Leben gehen dafür Hand in Hand.

Als Bühnenform stehe ich der Improvisation unterstützend zur Seite, ohne die Herausforderungen zu unterschätzen. Ein Publikum für

Improvisationskunst muss wie die Improvisierende selbst eine gewisse Risikobereitschaft mitbringen. Ähnliches gilt auch für Auftrittsorte und Organisatoren. Sie brauchen auch die Offenheit für diese unvorhersehbare Kunstform. Die Einstellung „es ist eh *nur* improvisiert" schadet dem Image dieser Kunstform. Wenn wir allerdings wenn wir mit *nur* improvisiert meinen: Es ist *ausschließlich* improvisiert, es ist *einzig und allein* improvisiert, dann kommen wir der Bedeutung näher. Pure Improvisation ist es, was wir auf der Bühne erleben. Dass Improvisierende auch viel arbeiten, üben, proben, soll im Bewusstsein ankommen, damit sich die Anerkennung und die Akzeptanz (auch in Honoraren und Eintrittsgeldern) etabliert.

AT ist eine Möglichkeit, die Trennungen zwischen den Künsten aufzuheben, ohne die Eigenständigkeit der Kunstformen zu ignorieren. Denn es bietet eine Plattform für transkünstlerische Gemeinschaftsproduktionen im Sinne von Transdisziplinarität.

Außerdem bietet AT Raum sowohl für Virtuosität als auch für Generalisten, die sich im Medium der Improvisation und Performance zuhause fühlen.

Wie ich die TdU-Arbeit oder andere theater- und medienpädagogische Tätigkeit ausübe und unterrichte, wie ich Entscheidungen treffe, wie ich meinen Körper wahrnehme und somit mein spirituelles Wesen und meine Gesundheit pflege, dabei ist die Action-Theater™-Arbeit sehr präsent. Die Anwendungsbereiche dieser Methode sind vielfältig und strecken sich über alle menschlichen Erfahrungen. Aus diesem Grund bezeichne ich meine Tätigkeit als "Applied Action Theater™".

4. Wie hat Action Theater™ meine Arbeit mit TdU beeinflusst?

Das Kommunikationsangebot bei Action Theater™ kann abstrakter vor sich gehen, kann allerdings bei den politischen Inhalten im TdU genauso angewendet werden. Es scheint eine Grenze zwischen den Methoden zu geben. Bei näherer Beobachtung sind produktive Grenzgänger zu treffen. Beide Methoden dienen einem ähnlichen

Menschenbild, bei dem Veränderung, Bewusstsein und Wahrnehmung in persönlicher und sozialer Entwicklung im Vordergrund stehen. Auf verschiedenen Ebenen werden die Grenzen gelöst und Form und Inhalt gehen ineinander auf. Einige Beispiele, wie Action Theater™ die Arbeit mit dem TdU bereichern kann, werden im Folgenden beschrieben.

Somatisches Lernen

Action Theater™ ist Körperspiel. Die Erfahrung des Körpers informiert den Moment inhaltlich und wird zum Material des Spiels. Stimme, Vokalisation und Bewegung werden gleichwertig gesehen und angewendet, um den Körper zum Ausdruck zu bringen (Embodiment). Alle drei artikulieren das Improvisierende / Spielende und umgekehrt artikuliert sich das Spielende mit diesen Mitteln. Somit ergänzt und erweitert Action Theater™ Boals Bewegungs- und Rhythmusübungen zur Ent-Mechanisierung und Lockerung des Körpers. In diesem Zusammenhang von Somatik und Politik sehe ich auch die Arbeit von Birgit Fritz.

Inhalt und Form

Die Inhalte und Themen, die im TdU bearbeitet werden, können bedrückend wirken. Nicht umsonst kommt manchmal die Kritik an das TdU, nicht "theatre of the oppressed", sondern "theatre of the depressed" zu sein. Mit Action Theater™ finde ich einen Ausgleich, da dort alles mit dem Körper angegangen wird. Alles, was auftaucht (Inhalte, Ängste, Urteile, Erinnerungen ...), ist Material und wird als gleichwertig angesehen. Dieser Zugang kann sowohl bei der Themensuche als auch bei der Bearbeitung benutzt werden. Mein Kritikpunkt an das TdU ist, dass es oftmals am Inhalt festhält und die Form hintenanstellt, dadurch geht leider auch die Botschaft verloren. Dahingegen bietet mir Action Theater™ eine Grundlage dafür, wie Inhalt und Form immer Hand in Hand gehen kann.

Kreatives Schreiben

Beispielsweise verwende ich gezielte Action-Theater™-Übungen, um an Texte heranzukommen, die sowohl den Inhalt als auch die Form aus dem Spielenden rauslockt. Denn bei Action Theater™ folgen die Improvisierenden ihren wechselnden Körperempfindungen und den Inhalten der eigenen Imagination und antworten ihnen durch körperliche, stimmliche und/oder sprachliche Handlungen (actions). Diese Handlungen können gleichermaßen als Grundlage für szenisches, biographisches und therapeutisches Schreiben dienen, denn beim Improvisieren tauchen wie beim Freien Schreiben Unbewusstes und Unbekanntes auf. Dieses Material kann anschließend überarbeitet und weiterverwendet werden.[18]

[18] Tomruk, Özge: „Action Theater™ als Körpererlebnis / Erlebniswelt: eine Anregung für Schreibprozesse", in: Zeitschrift für Theaterpädagogik Korrespondenzen Heft 60, S.56-58, OT Milow: Schibri-Verlag, April 2012.

Interkulturalität / Inklusion / Integration / Willkommenskultur

Mit politischen Entwicklungen werden unter Schlagwörtern wie Interkultur, Inklusion, generationsübergreifend, Willkommenskultur immer wieder neue Handlungsvorschläge gemacht, wie sich ein „Zusammenleben in einer heterogenen Gesellschaft" gestalten kann – auch im Hinblick auf unsere Körper. Allerdings stelle ich in Frage, ob und wie diese Konzepte konsequent gemeint sind und ob wir dadurch nur vermeiden wollen, Rassismus, Fremdenfeindlichkeit, Ableism (Behindertenfeindlichkeit), Homosexuellenfeindlichkeit und Islamfeindlichkeit[19] beim Namen zu nennen. Durch meine Tätigkeit mit der Action-Theater™-Arbeit wird mir immer vor Augen geführt, dass Rasse, Klasse, Geschlecht und Alter kulturelle Konstrukte sind, und es letztlich immer auf die "menschliche Erfahrung" ankommt. Unser einziger gemeinsamer Nenner ist es, dass wir alle diese Welt und einen Körper bewohnen. Unsere menschlichen Erfahrungen weisen die Unterschiede zwischen uns auf, und diese sind zu akzeptieren und respektieren. Wir können sowohl miteinander, gegeneinander und

19 Den Begriff „Phobie" finde ich in diesem Zusammenhang nicht passend, da er die Phänomene wie die Ablehnung, die Diskriminierung und den Hass pathologisiert.

oder sogar nebeneinander spielen / agieren, solange dies mit Akzeptanz und Respekt passiert.

Wie sich das Prinzip Action Theater™ als Modell auf die Herausforderungen der Einwanderungsgesellschaft anwenden lässt, wie dadurch eine transkulturelle Bildung als eine Form der ästhetischen Praxis zu etablieren ist, erforsche ich in einem Gesamtkonzept unter dem Begriff „Zusammenleben in einer heterogenen Gesellschaft" mit Seminaren[20], Gesprächen[21], Workshops[22] und Texten[23].

Um ein Beispiel zu nennen: Eine der Herausforderungen unserer Gesellschaft (egal wie sie genannt wird) ist das "Verstehen" Anderer. Durch die Action-Theater™-Arbeit erfahren die Spielenden verschiedene Aspekte des Verstehens:

a) Das Verstehen passiert nicht nur auf sprachlicher Ebene.
b) Sie müssen nicht immer verstehen.
c) Es ist in Ordnung, etwas nicht zu verstehen.
d) Es ist sogar mal entspannend, nicht zu verstehen.
e) Sie müssen nicht immer verstanden werden.
f) Es ist in Ordnung, nicht verstanden zu werden.

Ein Weg, dieses "Nicht-Verstehen" zu erfahren, läuft über verschiedenste Übungen, die auf "notice - experience - respond" basieren.

---

20 Tomruk, Özge: Ungleiches Spiel? Interkulturelle Theaterarbeit mit Kindern und Jugendlichen. Lehrauftrag, Proseminar: Institut für Theaterwissenschaft, Fachbereich Philosophie und Geisteswissenschaften, Freie Universität Berlin, Sommersemester 2011.

21 Güsewell, Marie & Tomruk, Özge: Gesprächsreihe IN GESELLSCHAFT: Gesprächsabend zu Fragen des Zusammenlebens in heterogener Gesellschaft, ITZ, Interkulturelles Theaterzentrum 2014-2015.

22 Tomruk, Özge: Inklusion / Interkulturalität / Diversität Themenorientierte Workshops mit Action Theater und anderen künstlerischen Methoden. www.impro-tomruk.de

23 Tomruk, Özge: Akzeptanz der Vielfalt als Qualität im Amateurtheater in: Spiel&Bühne, herausgegeben vom Bund Deutscher Amateurtheater (BDAT), Ausgabe 2/2012, S.12-13, Lingen, Juni 2012, S. 12-13.

Politik - Somatik

In der Action-Theater™-Arbeit üben wir, wie die Handlung (action) diese drei Aspekte in sich vereint: merken - erfahren - antworten. Der Begriff "Resonanz"[24] entspricht dieser Herangehensweise.

a) Ich merke (sehe / höre / spüre...) etwas (Fakt / Tatbestand / Person / Handlung ...).
b) Ich erfahre (körperlich / geistig / seelisch), lasse dieses etwas durch mich durch.
c) Ich antworte darauf (Bewegung / Stimme / Sprache) (sichtbar / spürbar).

Dieses Modell kann man auf jegliche Kommunikation anwenden, und es schult zudem in Empathie, welches über das reine "Verstehen" hinausgeht. In diesem Zusammenhang bietet diese Arbeit eine Politik-Somatik-Verbindung, die in unserer Welt durch die Herausforderungen der Überdigitalisierung und Feindschaften zwischen unterschiedlichen Fronten immer mehr an Bedeutung gewinnt.

Wie es auf dem Umschlag der türkischen Übersetzung des Action-Theater™-Handbuches beschrieben wird, kann diese Methode von Eltern, Mediziner*innen, Pädagog*innen, Coaches und allen Menschen gelernt und an ihre Bedürfnisse angepasst werden. Denn die Elemente, die im Sinne einer Lebenskunst mit dieser Methode geübt werden, können in unterschiedlichsten Lebens- und Arbeitssituationen anregend und nützlich sein.

Die Einsatzbereiche für das Applied Action Theater™ sind vielfältig. Im Rahmen dieses Textes kann nicht mehr darauf eingegangen werden. Hier sind nur einige aufzuzählen:

a) Partizipation

---

[24] Hartmut Rosa stellt Resonanz als Gegenbegriff der Entfremdung dar: "Resonanz, das heißt, ein Verhältnis zu Menschen oder zu Dingen, zu Natur, zur Kunst vielleicht oder sogar zu unserem Körper oder unseren eigenen Gefühlen, so etwas wie eine Antwortbeziehung, wo wir das Gefühl haben, wir sind wirklich verbunden mit der anderen Seite, die geht uns etwas an, die können wir auch erreichen" http://www.deutschlandradiokultur.de/soziologe-hartmut-rosa-sich-genuegend-zeit-lassen.1008.de.html?dram:article_id=341309 am 12.04. 2016

b) Ensemble- / Gemeinschaftsbildung
c) Bewusstsein / Bewusstwerden
d) Achtsamkeit (awareness)
e) Risikobereitschaft
f) Leadership
g) Körper-Raum-Zeit-Verständnis
h) Empathie
i) Präsenz
j) Macht / Ohnmacht
k) Loslassen / Entschlossenheit
l) Stressbewältigung
m) Wahl / Gewohnheit
n) Erinnerung
o) Entscheidungen
p) Grenzen
q) Humor
r) ...

To be continued ...

Literatur

Bailey, Derek: Improvisation: Kunst ohne Werk, Hofheim: Wolke, 1987.

Die Deutsche Bühne, Köln, 87. Jahrgang, Januar 2016. (Ausgabe zum Thema „Mitspieltheater".

Edinsel, Kerim: Karagöz unterwegs im der Welt der farbigen Schatten, in: Kasper-Karagöz-Karagiosis, Politisches Theater auf der Puppenbühne. Christiane Schrübbers (Redaktion). Berlin: Ararat, 1985.

Fo, Dario : Kleines Handbuch des Schauspielers / Dario Fo. Mit e. Beitr. von Franca Rame. - 3. Aufl. . - Frankfurt am Main: Verl. d. Autoren, (1989)1997.

Fritz, Birgit: Von Revolution zu Autopoiese: Auf den Spuren Augusto Boals ins 21. Jahrhundert : Das Theater der Unterdrückten im Kontext von Friedensarbeit und einer Ästhetik der Wahrnehmung, Ibidem-Verlag, 2013.

Gökdag, Ebru: Theatre of the Oppressed and its application in Turkey, University of Nebraska, 2002.

Karabekir, Jale: Performance As a Strategy for Women's Liberation: The Practices of Theatre of the Oppressed in Okmeydani Social Centre, Bogazici Universität, 2004.

Rosa, Hartmut: Resonanz: Eine Soziologie der Weltbeziehung, Suhrkamp, 2016.

Tomruk, Özge: „Action Theater™ als Körpererlebnis / Erlebniswelt: eine Anregung für Schreibprozesse", in: Zeitschrift für Theaterpädagogik Korrespondenzen Heft 60, S. 56–58, OT Milow: Schibri-Verlag, April 2012.

Tomruk, Özge: Training fürs Leben. Methoden improvisierten Theaters: Action Theater™ und Forumtheater. Aisthesis-Bewusstsein-Veränderung, Wien 2007, unveröffentliches Manuskript der Dissertation.

Vaßen, Florian: Theaterpädagogik und / oder applied theatre? Plädoyer für eine präzise und praktikable Begrifflichkeit, in: Zeitschrift für Theaterpädagogik, April 2017, Heft 70, S. 60–62.

Zaporah, Ruth: Action Theater, The Improvisation of Presence, Berkeley: North Atlantic Books, 1995.

Zaporah, Ruth: Action Theater, Doğaçlama Tiyatro Yöntemi, İstanbul: Mitos Boyut, 2012.

http://www.actiontheater.com/teachers.htm

http://www.deutschlandradiokultur.de/soziologe-hartmut-rosa-sich-genuegend-zeit-lassen.1008.de.html?dram:article_id=341309

https://tfm.univie.ac.at/institut/

http://www.kulturprojekte.berlin/blog/diversityartsculture-berliner-projektbuero-fuer-diversitaetsentwicklung/

www.sabisa.de

QUELLENANGABEN:

Die in diesem Beitrag enthaltenen Fotos wurden von Alp Klanten (http://alpklanten.com/) am 13.01.2018 während eines Action-Theater-Workshops in Berlin gemacht. Herzlichen Dank für die Erlaubnis, die Abbildungen hier verwenden zu dürfen.

Theater der Unterdrückten zwischen Religion und Neoliberalismus – Gedanken, Ansichten und Polemik eines Ketzers

Harald Hahn

„Ich hab' den Kapitalismus in mir"
(René Pollesch/deutscher Dramatiker)

Als ich mit dem „Forumtheater mit biblischen Geschichten" experimentierte, waren einige Leute sehr erstaunt darüber. Zahlreiche TdU-Aktivist*innen stellten mir die Frage, wie ich denn TdU in Bezug zu Religion setzen könnte. Die Frage irritierte mich, weil ja das „Theater der Unterdrückten" sich als Theater versteht und der Ursprung des Theaters verbunden ist mit Religion: Seine Ursprünge sind im antiken Griechenland zu finden, wo zu Ehren des Gottes Dionysos Theater gespielt wurde. Dionysos ist einer meiner griechischen Lieblingsgötter. Denn er war der Gott des Rausches, der Ekstase und des Weines, aber auch des Wahnsinns! Aber ich verstand natürlich auch das Unbehagen, wie man das aus einem politisch linken Kontext heraus entstandene TdU im kirchlichen Kontext praktizieren kann.

Für mich sind politisch linkes Gedankengut und Christentum kein Widerspruch. Gerade in der Geschichte des Christentums gab es auch immer wieder emanzipatorische Strömungen. Erwähnt sei nur die Befreiungstheologie, die erheblichen Einfluss in der linken Geschichte Lateinamerikas hatte und hat. Ich halte es mit dem deutschen Rebell der 68er-Bewegung, Rudi Dutschke[1], der schrieb: „Ich bin ein demokratischer Sozialist, der in der christlichen Tradition steht. Ich bin stolz auf diese Tradition. Ich sehe Christentum als einen spezifischen Ausdruck der Hoffnungen und Träume der Menschheit." Gerade Träume,

---

1 1968 gingen in Westeuropa sehr viele junge Menschen auf die Straße, um gegen den Vietnamkrieg zu protestieren und die kapitalistische Gesellschaft zu überwinden. In Westdeutschland war Berlin das Zentrum der Proteste. Einer ihrer Sprecher war der charismatische Student Rudi Dutschke. Eine beeindruckende Biographie ist das Buch von Ulrich Chaussy: „Die drei Leben des Rudi Dutschke", Luchterhand Verlag.

Hoffnungen und Utopien waren und sind immer Ausdruck von Kunst! Glaube, Liebe und Hoffnung sind wichtige Leitbilder für das Theater.

Im Zentrum des TdU steht für mich auch die Konflikttransformation, und die Bibel ist voller Konflikte. In ihr findet man Geschichten mit seelischen Konflikten jeglicher Art. Und was mir an der Idee von Forumtheater mit biblischen Geschichten besonders gut gefiel, war der radikale partizipative Ansatz: Bibelexegese wird hier nicht nur von ausgebildeten Theolog*innen durchgeführt, sondern egalitär können alle Menschen ihre Lebenserfahrungen, Wertvorstellungen und Zweifel in die Diskussion einbringen – anhand von gespielten biblischen Geschichten. Als Theatermacher bin ich überzeugt und weiß aus Erfahrung: Das Spiel und die Welt des Theaters können Menschen positiv prägen. Boal selbst war als Regisseur im Arenatheater von Sao Paulo tätig und hat dort eine „Nationalisierung der Klassiker" unterstützt. Dabei hat er auch in klassischen Texten nach den Fragen gesucht, die die Menschheit bewegen – und die Bibel ist ja wohl ein Klassiker der Weltliteratur schlechthin. Darüber hinaus gab mir Birgit Fritz, eine Theateraktivistin aus Österreich, den Hinweis, dass auch in den Maddalena-Frauen-TdU-Projekten mit Texten aus der Bibel theatral experimentiert wird.

Des Weiteren musste ich an ein Interview mit Hector Aristizabal denken, einem charismatischen Theatermacher aus Kolumbien, der in Los Angeles wohnt. In einem Interview sprach er mal darüber, dass das TdU keine Religion werden solle, weil Religionen auch immer etwas Starres hätten, mit festen Ritualen zur Zelebration des Glaubens, wie z.B. Gottesdiensten. Ob dies für einen emanzipatorischen Theateransatz eine Bereicherung ist, sei dahingestellt, aber über Religion und TdU, darüber denke ich, sollte man in der TdU-Community wirklich ernsthaft nachdenken. Denn das, was auf das Christentum zutrifft, trifft auf viele andere Religionen ebenso zu. Religion kann immer beides sein. Auf der einen Seite kann es eine Sicht auf die Welt sein, die einen Menschen erdet und einen Kompass in stürmischen Zeiten bietet. Auf der anderen Seite kann Religion etwas Beengendes sein und unterdrückerisches Denken erzeugen. Vor allem dann, wenn man der

Ansicht ist, dass die subjektive Sicht auf die Welt universale Geltung hat. Dies ist immer schwierig.

Ich würde Hector beipflichten, dass das TdU keine Religion werden darf! Wenn Praktiker*innen des TDU die für mich per se emanzipatorische Theaterform als Religion ansehen, dann bin ich für sie wohl eher ein Ketzer. Ketzer wurden im katholischen Sprachgebrauch alle Menschen genannt, die von der Kirchenlehre abweichen. Die Frage wäre also: Was ist die Kirchenlehre bei Augusto Boal? Und was ist mit Praktiker*innen, die sich vom Dogma des TdU lösen? So wie z.B. David Diamond aus Kanada, der seine Arbeit „Theater zum Leben" nennt und sich bewusst vom Theater der Unterdrückten abgrenzt. Gehört er nun nicht mehr dazu? Darf er am Abendmahl (z.B. TdU-Netzwerktreffen etc.) nun nicht mehr teilhaben? Wird er „exkommuniziert"?

Nehmen wir beispielsweise das Dogma, dass bei Forumtheaterszenen nur die Protagonist*innen (die „unterdrückte" Spielfigur) und niemals die Antagonist*innen (die Unterdrücker*innen) ausgetauscht werden dürfen. Ein solches Verständnis von TdU zeugt von einem sehr mechanischen Weltbild und dient eher der Einübung des Dichotomismus von Gut und Böse. In meinen öffentlichen Aufführungen darf das Publikum selbst entscheiden, wen es austauschen will. Denn in komplexen Gesellschaften wird es zunehmend schwierig, Alltagskonflikte in einem Gemeinwesen eindimensional in Szene zu setzen. Ein Erlebnis kommt mir immer öfter in Erinnerung: Ich gab zu Beginn meiner Tätigkeit als TdU-Theatermacher in Lüneburg, Deutschland, einen Forumtheaterworkshop, in dem es um einen Beziehungskonflikt in einer Liebesbeziehung ging. Wir entwickelten eine Szene einer Teilnehmerin, bei der im Zentrum ihr Konflikt mit ihrem Lebenspartner stand, der sich ihrer Ansicht nach zu wenig um das gemeinsame Kind kümmerte und ständig am Computer saß. Im Workshop war alles scheinbar klar, die Rollen verteilt, hier der technikverliebte Mann und dort die mit dem Kind alleingelassene Frau. Bei der Aufführung wurde dann zum Glück diese stereotype Szene von einem Mann im Publikum in Frage gestellt, in dem er den Antagonisten (den Mann) in der Szene austauschen wollte. Der Mann im Publikum erzählte, er erkenne sich in der Szene wieder, aber in seiner Beziehung fühle er sich unterdrückt. Er könne den Mann in der Spielszene gut verstehen; ja, er habe sogar volles Verständnis dafür, dass dieser Mann, nachdem er im Job gearbeitet habe, sich am Computer entspannen wolle. Es folgte eine spannende Kontroverse im Publikum, in der es um Geschlechtergerechtigkeit ging, aber auch um eine Arbeitswelt, die es zunehmend erschwert, Familie und Beruf zu vereinbaren. Diese für mich wichtige Erfahrung hat mich gelehrt, dass es manchmal viel zu einfach ist, die Welt in Unterdrücker*innen und Unterdrückte einzuteilen. Die Welt ist zum Glück nicht so eindimensional, was ja auch Boal selbst erkannt hatte. Trotzdem gibt es Unterdrückung in dieser Welt, die mensch auch benennen sollte. Dies hat etwas mit Haltung zu tun, weshalb ich mich auch immer noch als „TdU-Theatermacher" sehe. Wenn ich dagegen die Methoden von Boal in der Theatralen Supervision[2] verwende, sehe ich mich vom Selbstverständnis her nicht als Praktiker des Theaters der Unterdrückten, sondern als Supervisor, der Methoden aus dem TdU verwendet. Meiner Ansicht nach ist das vollkommen legitim.

Aber zurück zu meiner Ausgangsfrage: Wie gehen wir als TdU-Theaterschaffende mit den Ketzer*innen um? Kunst ist meiner Meinung nach sehr häufig ketzerisch, weil der Status quo in der Regel verlassen wird, und Kunst bedeutet immer auch, ein mögliches Scheitern mit einzubeziehen. Gute Künstler*innen riskieren etwas, sind bereit, auf dünnem Eis zu gehen, und halten sich nicht an Formalitäten fest. Das Festhalten an der Form gibt natürlich Sicherheit, und es ist immer einfacher, etwas zu reproduzieren als sich vielleicht vom TdU inspirieren zu lassen und einen ganz eigenen, individuellen Weg zu gehen – was zur Folge haben kann, dass eine Theaterform entsteht, die vielleicht kein klassisches Theater der Unterdrückten mehr ist, so, wie es Augusto Boal entwickelt hat.

---

2 Nach meiner Ausbildung als systemischer Berater bei der „Gesellschaft für Systemische Beratung und Therapie" in Berlin habe ich begonnen, mit den Boal'schen Methoden als Supervisor in sozialen Einrichtungen zu arbeiten. In dieser Arbeit verwende ich selbstverständlich nicht das Vokabular des TDU, auch ist sind es keine TDU-Workshops. www.theatrale-supervision.de

Meiner Meinung nach sind die Methoden von Boal dazu da, um mit ihnen zu experimentieren. Es ist ein Geschenk, seinen ganz individuellen künstlerischen und kreativen Weg zu finden. Mein Name ist Harald Hahn und nicht Augusto Boal, und wenn ich z.B. in Berlin Legislatives Theater mache, dann mache ich das ganz anders als Boal in Brasilien. Deutschland ist ein anderes Land mit anderen Gegebenheiten. Augusto Boal war z.B. im Parlament und konnte direkt Gesetzesinitiativen einbringen, was ich und mein Kollege Jens Clausen vom Legislativen Theater Berlin nicht können. Deshalb muss ich damit leben, wenn Menschen meinen, dies wäre aber nicht Legislatives Theater im Sinne von Augusto Boal. Ich plädiere für eine Vielfalt im Theater der Unterdrückten, wo auch Ketzer und Ketzerinnen einen Platz haben!

Es ergibt sich also eine weitere Frage: Wer hat eigentlich die Definitionsmacht über das Theater der Unterdrückten? Wer darf bestimmen, wer ein*e Ketzer*in ist und wer nicht? Der Begründer des Theater der Unterdrückten, Augusto Boal, ist ja leider viel zu früh verstorben. Nur er hatte meiner Meinung nach die Autorität, zu definieren, was das Theater der Unterdrückten ist und was nicht. Bleibt man beim Vergleich mit dem Christentum, war er das Äquivalent zum katholischen Papst - der „TdU-Papst“, sozusagen. Er selbst sah sich so natürlich nie. Mein Eindruck ist: Er war weit weniger dogmatisch als manch eine*r seiner heutigen Anhänger*innen oder, im christlichen Sinne gesprochen, Jünger. Augusto hat es letztlich versäumt, einen Nachfolger oder eine Nachfolgerin zu bestimmen, die das TdU weiter in die Welt trägt. Aber dessen ungeachtet hört die Kontrolle über Dinge und ihre Verbreitung auf, sobald sie in der Welt sind. Das Vermächtnis von Augusto Boal sind seine Schriften. Da kann jeder Mensch nachlesen, was dieser großartige Theatermacher geschrieben, gedacht und entwickelt hat.

Nun ist eine Situation entstanden, in der viele seiner ehemaligen Weggefährt*innen sich um das Erbe streiten. Mein Eindruck ist, dass einige sich auch als legitime Nachfolger*innen von Boal sehen. Beim Weltforumtheatertreffen in Wien vor einigen Jahren führte ich ein Gespräch mit einem österreichischen Kollegen, der meinte, nun werde wohl Julian Boal in die Fußstapfen seines Vaters treten und die „TdU-Gemeinde“ anführen. Ok, Gemeinde hat er nicht gesagt, sondern Bewegung. Trotzdem ist es interessant, darüber nachzudenken, was wohl dahinter steckt. Vielleicht die Sehnsucht nach einer Leitfigur, die bestimmt, wo es langgeht, den anderen die Richtung und Orientierung gibt. Eine Sehnsucht, die in unübersichtlichen postmodernen Zeiten durchaus ihre Berechtigung haben kann.

Julian Boal ist zweifelsohne ein sehr kompetenter und charismatischer Theatermacher, aber er ist eine eigenständige Persönlichkeit und würde niemals seinen Vater ersetzen können. Wichtiger noch ist die Frage, ob Julian Boal seinen Vater beerben soll? Was mir ein wenig Unbehagen bereitete, war auch die Vorstellung eines Erbrechts wie im Feudalismus. „Der König ist tot, es lebe der König!“ Aber die Frage ist nicht unwichtig. Wer verwaltet das kulturelle Erbe von Boal? Naheliegend wären natürlich das CTO in Rio und seine engsten Weggefährt*innen, z.B. Barbara Santos, die nun ihre „Homebase“ mit KURRINGA in Berlin aufgeschlagen hat. Aber inzwischen gibt es nicht nur die wichtigen Erfahrungen mit der Arbeit des TdU in Brasilien, sondern weltweit Erfahrungen mit dem Ansatz. Deshalb stellt sich mir die Frage: Wie geht man mit den Erfahrungen und Experimenten außerhalb Brasiliens um? Das TdU ist längst globalisiert. Es ist die Erfolgsgeschichte einer Globalisierung von Unten und einem Lernen vom Süden! Meine ersten Gehversuche mit dem TdU habe ich mit Hilfe der Joker aus Brasilien gemacht. Claudete Felix habe ich persönlich sehr viel zu verdanken. Ihre Art zu jokern, ihre Menschlichkeit und ihre theatrale Leidenschaft haben mich inspiriert, meinen eigenen Weg zu gehen. Das TdU ist eine Globalisierung von emanzipatorischen Theatermethoden und ist zum Glück nicht urheberrechtlich geschützt. Emanzipatorische Ansätze können per se nicht rechtlich geschützt werden. Es ist ein Segen, dass es kein Trademark TdU gibt. Es ist daher sehr schwierig, Kontrolle auszuüben. Dem undogmatischen Augusto Boal ist es zu verdanken, dass von der Grundstruktur her das TDU keine Theaterreligion mit dazugehöriger Kirche werden kann, weil er ein offenes System geschaffen hat. Eine „Open Source“, die alle nutzen können. Denn, wie er schrieb, „Jeder Mensch ist ein

Künstler und eine Künstlerin". Also! Gebraucht das Theater! Das Theater hat einen Gebrauchs- und keinen Marktwert!

Dem würde ich hinzufügen: „Gebraucht es, auch ohne Kurse, Weiterbildungen und Multiplikator*innenfortbildungen im TdU besucht zu haben". Im globalisierten Weiterbildungsmarkt TdU werden neuerdings sogar „Masterclasses" angeboten. Die kapitalistische Weiterbildungs- und Verwertungslogik hat also im Theater der Unterdrückten schon lange Einzug gehalten. Oftmals kosten die Weiterbildungsangebote sogar so viel, dass finanzschwache Menschen keinen Zugang dazu haben. Ein Fakt ist, dass in diesen Multiplikator*innenfortbildungen, die auch ich zum Teil anbiete (denn auch ich bin Teil dieses Systems), eine permanente soziale Exklusion stattfindet. Also wäre es doch ehrlicher, das Label „Theater der Unterdrückten"-Workshop mit dem Zusatz „nur für Unterdrückte, die es sich auch leisten können, den TN-Beitrag zu bezahlen" zu versehen. Und die sich die Flugtickets leisten können, um durch die Welt zu jetten und die Methoden zu erlernen. Das ist eine durchaus sehr ernst gemeinte Frage, die mich immer schon umtreibt: Wie gehen wir um mit dieser sozialen Exklusion?

Als Argument für die Bedeutung der Workshops wird häufig die Qualität der Produktionen im TdU angeführt. Dies sei der Grund, warum Interessierte so viele Fortbildungen besuchen sollten. Als ob Qualität in Kunst und Theater messbar wäre! Jegliche Bewertung ist immer subjektiv und es gibt im Bereich von Kreativität und theatralen Darstellungsformen schlicht keine objektiven Kriterien. In Berlin habe ich einmal ein Forumtheaterstück gesehen, mit tollen Bildern, klasse gespielt, mit toller musikalischer Bearbeitung. Nur: inhaltlich habe ich nichts verstanden. Ich wusste schlicht nicht, was die mir eigentlich sagen wollten. Umgekehrt habe ich schon Stücke gesehen, deren Ästhetik ich subjektiv gesehen eher dürftig fand, wo aber ein Thema mit Leidenschaft auf der Bühne behandelt und im Publikum auch noch kontrovers diskutiert wurde. Sorry – Qualität ist wirklich subjektiv!

Natürlich kann eine Verbesserung des Theaterhandwerks auch zur Steigerung der Qualität beitragen, aber viel wichtiger scheint mir die Haltung zu sein. Boal selbst hat dazu die richtigen Worte gefunden:

„Es gibt gutes und schlechtes Theater der Unterdrückten". So ist es, und so soll es bleiben! Auch die scheinbaren Dilettant*innen, die ästhetisch Unbegabten sollen im Garten des TdU ihren Platz haben.

Die Frage der Qualität hat natürlich auch etwas damit zu tun, dass es inzwischen einen globalen Markt für das TdU und seine Bildungsangebote gibt und eine Menge Joker weltweit unterwegs sind.

Der internationale „Workshopcircus" hat ja auch etwas mit der Generierung von Einkommen zu tun. Nicht wahr? Für ein gutes Auskommen braucht es genügend Teilnehmer*innen, die die Workshops besuchen.

Diese Akteur*innen, nennen wir sie doch „Global Player", sind so etwas wie die Bischöfe und Kardinäle der globalen TDU-Gemeinde. Es gibt ja keinen Papst mehr. Sie reisen viel, und wollte man ihren ökologischen Fußabdruck bestimmen, würden sie im Ranking ganz vorne mitmischen. Klimawandel - ach ja, blöd, da war doch was? Neuerdings gibt es sogar die „Flying Joker": Man fliegt kurz als Experte oder Expertin in ein Land, das sich am besten in einer Krisensituation befindet, gibt kurz einen Workshop und ist dann wieder weg. Aber die meiste Zeit muss die selbsternannte Elite des TdU durch Multiplikator*innenworkshops ihr Geld verdienen. Denn eine TdU-Kirchensteuer gibt es ja bis dato noch nicht. Hinzu kommt: In der Regel sind natürlich die Bischöfe und Kardinäle, ganz wie in der katholischen Kirche, weiß und männlich, auch, wenn es Ausnahmen gibt.

Obwohl das TdU für einige Zeitgenoss*innen religiöse Züge annimmt, gibt es keine institutionalisierte Kirche, deshalb hat unsere TdU-Gemeinde auch keine Kirchensteuer, mit der man Projekte im Sinne der Religion finanzieren könnte. Und weil dem nicht so ist, ist man im Kapitalismus dem Markt unterworfen. Insofern wäre eine TdU-Steuer gar nicht zwingend etwas Schlechtes! Wenn es wenigstens eine TdU-Stiftung gäbe, wo Projekte jenseits des Marktes realisiert werden könnten, das wäre doch was. Ich befürchte aber, dass diesen Kuchen Kardinäle unter sich aufteilen würden. Nee, doch keine so gute Idee.

„Es gibt kein richtiges Leben im falschen"
(Theodor W. Adorno)

Ein klein wenig Kapitalismus gibt es nun mal nicht, so wie es auch „ein wenig schwanger" nicht gibt. Ein wenig Freiberuflichkeit geht leider auch nicht. Und dies ist das Grundproblem, solange mensch keine anderen Geldquellen hat. Sobald man als TDU-Praktiker*in von seiner Arbeit leben muss, ist mensch, ob mensch möchte oder nicht, den Gesetzen des Marktes unterworfen. (It's the economy, stupid!) Einige Global Player finden den Kapitalismus zwar echt doof, haben aber ein perfektes Marketing, um ihr Produkt (TdU) global zu verkaufen. Immer diese Widersprüche, so was aber auch.

Ich kenne TdU-Praktiker*innen, die in ihrem Wesen neoliberaler sind als sie sich selbst jemals eingestehen würden. Auch weil sie Geld verdienen müssen und/oder internationale Anerkennung wollen. Das bedeutet in der Folge permanente Selbstvermarktung, Netzwerkbildung und immerwährende Selbstoptimierung. Und natürlich auch eine Menge Disziplin und Leistungsbereitschaft. Und wenn man sich anstrengt, ganz wie im Märchen vom Tellerwäscher, der es zum Millionär bringt, wird man vielleicht ein „Global Player" und reist von Multiplikator*innenworkshop zu Multiplikator*innenworkshop, oder die unterdrückte globale Mittelschicht reist selber an, aber natürlich nur, wenn mensch ein Weiterbildungsinstitut an einem hippen Ort in der Welt besitzt. Die Workshops sind nicht nur wichtig, um Einnahmen zu erzielen, sondern auch, um zu netzwerken. Denn da trifft mensch ja dann auch wieder genau die Leute, die einen als Workshopleiter*in wieder einladen können. Da die TN in der Regel bei diesen Weiterbildungen aus sehr gebildeten Akademikerfamilien kommen, von denen dann wiederum einige später in Institutionen unterkommen oder bei einer der zahlreichen NGOs einen Platz finden, sind es ganz nebenbei auch potentielle Arbeitgeber*innen, die mensch so kennenlernt.

Ich habe sehr spät begriffen, wie das funktioniert. Ich hatte vor Jahren ein Legislatives-Theater-Projekt zu den „Working Poor", mit Lohnarbeiter*innen, die nicht von ihrer Arbeit leben können. Keine*r der Projektteilnehmer*innen meines Legislativen Theaters zu Armut war in der Lage, mir einen Folgeworkshop zu organisieren oder mich einzuladen. Mein kollegialer Kollege Till Baumann mit dem ich jahrelang zusammengearbeitet hatte, hat mir freundlicherweise einen Workshop bei dem ASA[3]-Programm übermittelt, weil er den Auftrag nicht annehmen konnte. Anschließend hatte ich verschiedene Workshopaufträge, weil einige Teilnehmende des ASA-Projektes nach ihren Auslandsaufenthalten in Organisationen arbeiteten, die offen waren für Theaterworkshops. Wer tatsächlich mit den „sozial Benachteiligten" und ökonomisch Ausgegrenzten arbeitet, muss sich letztendlich Geld von dritter Seite organisieren, um arbeiten zu können. Dies ist aber offenbar keine Zielgruppe der Multiplikator*innenfortbildungen.

Der französische Soziologe Pierre Bourdieu („Die feinen Unterschiede") hätte bestimmt eine große Freude daran gehabt, die Akteur*innen im TdU zu analysieren. Gerade in den Fortbildungen und sogenannten „Masterclasses" findet im hohen Maße permanente soziale Selektion und letztendlich elitäre Netzwerkbildung statt. Ich weiß nicht, ob Workshops wirklich die Welt verändern, aber sie können ein Freiraum und kulturelles Experimentierfeld sein.

Ich versuche, wie viele andere Kolleg*innen auch, in meinen Workshops einen temporären Raum zu erzeugen, in dem das Konkurrenzprinzip der Leistungsgesellschaft suspendiert wird. Verbunden mit der Hoffnung, ähnlich wie beim Probehandeln auf der Bühne im Forumtheater, dass die Erfahrungen im Workshop auch im Alltag weiter wirken. Aber mit Workshops lässt sich schwer ein kapitalistisches neoliberales Gesellschaftssystem aus den Angeln heben. Und auch wir haben den Kapitalismus internalisiert, wir sind nicht frei davon.

Zusammenfassend würde ich sagen, dass es wünschenswert wäre, über Elitenbildung im Theater der Unterdrückten nachzudenken und sich die Frage zu stellen, ob nicht durch die Formate in der TdU-Community nur diejenigen, die schon privilegiert sind, sich durch den

---

[3] Das **ASA-Programm** vergibt u.a. dreimonatige Stipendien und organisiert und finanziert sechsmonatige Austauschprojekte in Afrika, Asien, Lateinamerika und Südosteuropa.

„Workshopcircus" immer weiter qualifizieren. Und wie sieht es in den TdU-Netzwerken aus? Haben da die gesellschaftlich Marginalisierten und ökonomisch Ausgegrenzten wirklich eine Chance, selbst ein Joker zu werden, eigene Workshops anzubieten und damit Geld zu verdienen? Als Teilnehmer*innen von Projekten sind sie ja willkommen, aber als Global Player?

Eine letzte wichtige Frage in unserer Arbeit ist diese: Warum mache ich überhaupt TDU? Wo wurde, werde und fühle ich mich unterdrückt? Das Private ist doch politisch, oder? Es gibt einige Joker, die sind brillant in der Methodenweitergabe. Persönlich aber geben sie von sich, ihren Ängsten und Verletzungen sehr wenig preis. Bei anderen wiederum merkt mensch sofort, dass sie die Methoden nicht über Workshops erlernt haben, um ein Einkommen zu erzielen, sondern aufgrund ihrer Biografie eine Form von ästhetischem Ausdruck gefunden haben – um ihre eigenen Wunden zu verarbeiten und die Gesellschaft ökologisch, sozial und gerecht zu verändern. Diese Menschen finde ich sehr spannend. Deshalb ist dies auch ein Plädoyer dafür, sich in der professionellen Arbeit mit seinen Schwächen zu zeigen und nicht nur „technokratisch" Theatermethoden weiterzugeben, damit Menschen sich beruflich qualifizieren können. Sich als Mensch zeigen, auch mit seinen Stärken und Schwächen, und sich nicht an der eigenen Wichtigkeit ergötzen, das wäre wünschenswert.

Im jüdischen und christlichen Denken gibt es die Demut als religiöse Grundhaltung. Dies würde der TdU-Community vielleicht gut tun, weil ich durchaus den Eindruck habe, dass Narzissmus, wie bei vielen Kulturschaffenden, in diesen Reihen sehr ausgeprägt ist. Mit dem Konzept der Demut kann mensch Narzissmus eindämmen, um sich selbst und die eigene Arbeit nicht ganz so wichtig zu nehmen und das TdU nicht als den Nabel der Welt zu betrachten. Vom Komponisten Hanns Eisler stammt der Satz: „Wer nur etwas von Musik versteht, versteht nichts von Musik". Dies könnte vielleicht auch auf das TdU zutreffen: Wer nur etwas vom „Theater der Unterdrückten" versteht, versteht nichts vom „Theater der Unterdrückten".

In diesem Sinne weiter ein lustvolles Scheitern!

Fiktion und Realität - Der Umgang mit Klischees und stereotypen Denken am Beispiel der Arbeit des Legislativen Theaters Berlin

Jens Clausen

2001 gründete ich zusammen mit meinem Kollegen Harald Hahn das Legislative Theater Berlin. Mit unserem Ansatz adaptierten wir das Modell von Augusto Boal und modifizierten es hinsichtlich des demokratischen parlamentarischen Systems der Bundesrepublik Deutschland. Seither spielt das Legislative Theater Berlin (LTB) seine Stücke bundesweit und hat das Vergnügen, mit diesem Ansatz auf viele Bürger zu treffen, die noch nie etwas von Augusto Boal und seiner Theaterarbeit gehört haben. Es zeigt sich, dass die von Augusto Boal angestoßene Idee, ein partizipatives Theater als Beitrag zur Gesetzesentwicklung zu nutzen, tatsächlich funktioniert. Insbesondere diese Erfahrung bereitet uns, den künstlerischen Leitern und Initiatoren des LTB, große Freude. Da wir bundesweit arbeiten, müssen wir im Hinblick auf die DarstellerInnen unserer Projekte Kompromisse schließen. Eigentlich ist es eher üblich, mit Betroffenen zu arbeiten, um diese dann ihre Anliegen szenisch darstellen zu lassen. Da wir bei solchen Projekten nicht bundesweit und über längere Zeit Auftritte organisieren können, engagieren wir inzwischen für einige Projekte SchauspielerInnen. Aber wir arbeiten dann mit solchen SchauspielerInnen, die neben der schauspielerischen Qualifikation Erfahrungen oder Fachwissen im Themenfeld mitbringen. Das ist auch notwendig, denn die DarstellerInnen müssen einen persönlichen Zugang und Fachwissen über die Lebenswirklichkeit besitzen, die verhandelt wird, um auf die unvorhersehbaren Impulse (Interventionen) des Publikums eingehen zu können.

Wenn wir bei unseren Produktionen Szenen entwickeln, diskutieren wir die zu entwickelnden Szenen unter verschiedensten Blickwinkeln. Zum Beispiel diskutieren wir im Legislativen Theater Berlin immer dem „legislativen" Kontext: Lässt sich anhand der Szene, die in der Regel eine Alltagssituation zeigt, auf bestehende Gesetzgebung Bezug nehmen, und welche gesetzlichen Regelungen gelten für die gezeigte Situation?

Oder wir fragen uns, welche Interventionen ermöglicht die Szene? Haben die ZuschauerInnen ausreichend Spielraum für Interventionen? In der Regel finden die Zuschauer immer wieder neue Zugänge zu den Szenen und thematisieren eigene Aspekte. Dazu kann es förderlich sein, zum Beispiel eine beobachtende oder neutrale Figur in eine Szene einzufügen. Mittels dieser Figur können die ZuschauerInnen noch einmal anders agieren, als wenn sie beispielsweise den Protagonisten oder den Antagonisten einwechseln.

Mit einer Frage möchte ich mich in diesem Aufsatz näher beschäftigen: der Frage, ob wir in einer Szene Stereotypen und Klischees verwenden. Reproduzieren wir in Figuren oder szenischer Handlung negative Stereotypen?

Warum ist das wichtig? Es könnte dem emanzipatorischen Ansatz zuwiderlaufen, wenn die gestaltete Szene unreflektiert Klischees oder Stereotypen verwenden würde. Ich glaube zwar nicht, dass es einen unmittelbaren Wirkungszusammenhang gibt zwischen stereotypen Figuren auf der Bühne und der Verstärkung solcher Denkweisen. Aber die Möglichkeit unreflektiert und unbewusst durch Wiederholung Stereotypen zu verstärken, ist nicht völlig von der Hand zu weisen.

Um Menschen mit Theater zu beeinflussen, spielen noch andere Einflussfaktoren eine Rolle. So könnte es unter anderem wichtig sein, auf welche Vorerfahrungen die stereotype Darstellung beim einzelnen Zuschauer trifft. Gäbe es einen simplen, quasi mechanischen Wirkungszusammenhang, wäre jeder Mensch leicht manipulierbar. Im Theater wissen die Zuschauer aber, dass sie einer fiktiven Szene beiwohnen. Gerade dadurch bekommen sie die innere Freiheit, das Gezeigte frei mit eigenen Vorstellungen anzureichern und eigene Gedanken auf Figuren zu projizieren. Manchmal wundere ich mich darüber, was die ZuschauerInnen alles „sehen".

Die Gedanken sind frei. Gleichzeitig muss die Tatsache, dass wir in unserer Gedankenwelt autonom sind, nicht bedeuten, dass wir frei entscheiden können, welche Klischees und Stereotypen wir kennen (lernen). Nach meiner festen Überzeugung sind alle in einer Gesellschaft latent existierenden Stereotypen und Klischees in allen Köpfen. Es ist also nicht möglich, diese „Denkmuster" gewissermaßen aus den Köpfen vollständig zu löschen oder uns diesen zu entziehen. Wenn ich mich selbst als Beispiel nehme, kenne ich viele Klischees und Vorurteile über Frauen. Ich könnte sie sogar aufzählen. Aber ich werde nicht dadurch automatisch zum Beispiel zum Sexisten, nur weil viele Stereotypen über Frauen mir das nahe legen. Es gibt neben diesen Denkmustern in mir auch ganz andere Erfahrungen und natürlich die bewusste Analyse. So kann ich in meinem Bewusstsein damit autonom spielen. Es geht bei der Verwendung von Stereotypen wahrscheinlich darum, ihnen eine andere Wertigkeit zu geben und sie nicht unreflektiert und unbewusst durch Wiederholung zu verstärken.

Klischees und auch Stereotypen sind beispielsweise ein beliebtes Mittel, um Komik zu erzeugen. Beispielsweise spielen Witze mit diesen „Denkmustern" eine wichtige Rolle. Dabei werden die stereotypen Denkmuster ein ums andere Mal wiederholt. Und es kann uns ein ums andere Mal amüsieren, auch wenn wir uns der Klischeehaftigkeit der Erzählungen durchaus bewusst sind.

Stereotype Denkmuster sind nicht automatisch im Alltag handlungsleitend. Wäre das so, wären wir nicht in der Lage, anders zu handeln. Allerdings sind viele Ressentiments im Unterbewussten verankert. Propaganda zielt beispielsweise gerade auf das Unbewusste, um Einfluss zu nehmen. Inwieweit und wie genau das Zusammenspiel zwischen Bewusstsein und Unbewussten funktioniert, ist ja Gegenstand vieler moderner Forschungsansätze. Es ist also nicht von der Hand zu weisen, dass wir auch unbewusst Rassismus, Sexismus etc. in uns tragen. Doch hat das Unterbewusste immer dann noch leichteres Spiel, wenn das Bewusstsein nichts entgegenzusetzen hat. Zu jeder Art Veränderung braucht es Bewusstsein. Wenn sich Denkmuster nicht löschen lassen, dann hilft nur mehr und anderes Denken.

Was hat das mit unserer Theaterarbeit zu tun? Ich gebe Ihnen ein Beispiel:

Die Windkraftgegnerin als Klischeehafte Lehrerin

Wir wollten in einer Szene für ein Legislatives Theaterprojekt über den Ausbau alternativer Energien in Mecklenburg-Vorpommern eine „Windkraft-Gegnerin" in Szene setzen. Die zentrale Frage der Szene war, inwieweit die konkrete Gesetzgebung den Wunsch der BürgerInnen nach Einfluss und Gestaltung ihres Lebensumfeldes befriedigt oder verhindert. Hier ging es um das komplexe und hochinteressante Wechselverhältnis zwischen den baurechtlichen

Rahmenbedingungen (auf Bundes-, Landes- und kommunaler Ebene) und den Möglichkeiten der (demokratischen) Bürgerbeteiligung. Das heißt im Alltag: wie können sich Bürgerinnen sowohl an Planungs- und Entscheidungsprozessen (wie sie in der Baurechtsgesetzgebung verankert sind) als auch bei der politischen Mitbestimmung (Volksentscheide etc.) beteiligen.

Die Gegner von Windkraftanlagen verwenden verschiedene Argumentationen: Zweifel an der Technik, energiepolitische Gegenpositionen, Umweltschutz und/oder Landschaftsschutz, Bedenken bzw. Angst vor persönlichen Nachteilen (z.B. vor Schallemissionen der Windräder oder Wertverlust von Häusern oder Grundstücken).

Wir erkannten in der Probenarbeit, dass es bei der Gestaltung der Szene und der Figuren zu umfangreich sein würde, alle Argumentationsstränge zu verwenden. Wir mussten uns also bei der Figur der Windkraftgegnerin begrenzen. Wir entschieden uns für den Landschaftsschutz als Motivation der Figur, auch weil bei dieser Argumentation weniger spezielles Fachwissen vorauszusetzen war. Das sprach beispielsweise gegen die Argumentation, Windräder aus Gründen des Naturschutzes abzulehnen, weil dazu schon im Baurecht komplizierte Regelungen bestanden und die Umweltfakten sehr detailreich und komplex waren. Wir wollten verhindern, dass sich das Publikum überfordert fühlt, wenn wir zu viel Detailwissen voraussetzen. Andererseits gingen wir davon aus, dass, wenn ZuschauerInnen spezielle Erfahrungen und Kenntnissen zum Thema mitbrachten, sie selbst diese Argumente einbringen würden. Unsere Darstellerin der Windkraftgegnerin war nicht unmittelbar persönlich von einer Windkraftanlage in ihrem Wohnumfeld betroffen. Sie musste sich in ihre Figur einfühlen, sie konnte höchstens aus der Beobachtung oder aus Interviews mit betroffenen Bürgern ihre Rolle entwickeln. Darüber hinaus musste die Darstellerin einen eigenen Weg finden, ihre Figur innerlich so zu verankern, dass es ihr möglich war, spontan und vor allem glaubwürdig bei Interventionen zu reagieren.

Sie entwickelte die Figur einer Kunstlehrerin, der die Erhaltung der Ästhetik der Landschaft wichtig war. Uns war klar, dass diese Konstruktion der Rolle in gewisser Weise mit Klischees spielte. Mit der

Rolle der Lehrerin könnte man verbinden, dass sie die Fähigkeiten besaß, selbstorganisierte Bürgerproteste zu initiieren (was ein Hintergrund der Rolle sein sollte). Die „Kunstlehrerin" legte eine „ästhetische Empfindsamkeit" nahe, sonst hätte sie nicht ihr Fach „Kunst" gewählt. Wichtig war, dass auch die Darstellerin selbst ihre Rolle als stimmig erlebte, auch wenn sie sich bei der Entwicklung einiger „Klischees" bediente. In der Aufführungspraxis funktionierte das wunderbar:

Die Figur erschien den Zuschauern glaubwürdig. Die ZuschauerInnen projizierten ihre eigenen Erfahrungen von „WindkraftgegnerInnen" auf diese Rolle. Zum Teil waren das auch sehr persönliche oder eigenwillige Einschätzungen der ZuschauerInnen, mit der die Rolle in den Interventionen konfrontiert war. Wir nahmen das als Qualitätsmerkmal.

Ein weiteres Beispiel:

Der Politikverdrossene - ein Klischee?

Schwieriger war es, eine Spielfigur zu erschaffen, mit der wir die vorherrschende Politikverdrossenheit in Deutschland spiegeln wollten

(Produktion „Ist das Demokratie oder kann das weg?“[1]). Es gibt kein allgemeingültiges Klischee von Politikverdrossenheit. Motive und Einstellungen oder biographische Zugänge, die zu Politikverdrossenheit bei den Wählern führen, dürften sehr individuell sein.

Dass man für das Legislative Theater eine SchauspielerIn finden würde, die tatsächlich politikverdrossen ist, schließt sich irgendwie aus, denn im Zentrum des Legislativen Theaters steht die Auseinandersetzung mit politischen Themen. Und es würde sich wohl niemand für etwas zur Verfügung stellen, das er oder sie ablehnt. Hier misslingt sozusagen eine „authentische Besetzung“ der Rolle.

Das Schlagwort „Politikverdrossenheit“ ist im politischen Diskurs der Versuch der Vereinfachung eines komplexen Zusammenhangs: Sind „Nichtwähler“ wirklich „politikverdrossen“? Sind Menschen „politikverdrossen“, weil sie sich beispielsweise „abgehängt“ fühlen? Für welche Erklärung wir uns bei der Gestaltung der Figur entscheiden, es bleibt eine vereinfachende Annahme. Gleichzeitig ist ein Diskurs über das Phänomen „Politikverdrossenheit“ nur möglich, wenn man diese Annahmen teilt.

Auch für andere gesellschaftliche Konflikte stehen „Betroffene“ für eine Theaterproduktion nicht zur Verfügung. Um den gesellschaftlichen Diskurs auf der Bühne sichtbar zu machen, brauchen wir manchmal Figuren, die zum Teil klischeehaft gezeichnet sind. Diese Figuren sind vereinfacht und müssen dennoch glaubwürdig agieren.

Wie sollten wir die Figur aus unserem Beispiel „politikverdrossen“ entwickeln? Natürlich kennt jeder politisch interessierte Mensch auch eigene Anteile der „Politikverdrossenheit“. Das konnte ein Ansatzpunkt sein, solch eine Rolle zu entwickeln. Aber es reichte nicht aus, nur die Ressentiments gegenüber der Politik wiederzugeben. Eine glaubwürdige Figur braucht mehr als einzelne Statements. Man musste beispielsweise zur Gestaltung dieser Rolle nachempfinden, wann eine Figur den politischen Diskurs verweigert, abbricht oder ins

---

1 Mehr Informationen zu dem Stück: „Ist das Demokratie oder kann das weg?“ und ein kurzer YouTube-Film über die Produktionen des Legislativen Theaters gibt es auf www.legislatives-theater.de.

Irrationale abdriftet. Dabei ist die SchauspielerIn auf die innere „Logik" ihrer Rolle angewiesen. Sie braucht eine Haltung, ein eigenes Weltbild etc.

Auch wenn zur Entstehung einer Figur mit Vereinfachungen gearbeitet wird: Es lohnt sich, die Gestaltung einer Rolle im Hinblick auf Klischees kritisch zu begleiten. Ziel sollte es sein, Spielfiguren mit all ihrer Widersprüchlichkeit auf die Bühne zu bringen.

Ein drittes Beispiel:

Das Klischee von Menschen mit Behinderung.

Bei unserer Produktion „Menschen sind verschieden - Rechte nicht" ging es um die zögerliche Umsetzung der UN-Behindertenrechtskonvention (BRK) in Deutschland. Obwohl die Bundesrepublik bereits 2008 der UN-BRK beigetreten ist, mangelte es im Jahr der Produktion einerseits an der Anpassung von „Folgegesetzgebung", andererseits ging es um die ausbleibende Verbesserung der Lebenswelten, die eine konsequente Umsetzung der UN-BKR für Behinderte mit sich bringen würde.

Wir wollten in unseren Szenen dieses Defizit in den drei gesellschaftlichen Feldern Arbeit, Schule und Wohnen thematisieren. Diese Auswahl - wie auch die Gestaltung der konkreten Spielsituationen - waren das Ergebnis einer längeren Recherche, die unseren immer Stücken vorausgeht.

Die Verlierer der zögerlichen Umsetzung der UN-BRK waren und blieben die Behinderten. Das sollte sich in unsere Szenen abbilden. Doch es war Vorsicht geboten, hier nicht unbewusst die gängigen und weit verbreiteten Klischees über behinderte Menschen bzw. deren stereotype Zuschreibungen zu verstärken. Andererseits ließ sich die Diskriminierung, wie sie unmittelbar im Alltag oder strukturell in unserer Gesellschaft existiert, nicht ohne die bekannten stereotypen Denkmuster darstellen. Wie also mit diesem Dilemma dramaturgisch umgehen?

Wenn wir die stereotypen Denkmuster verändern wollen, wie sollten wir vorgehen? Welchen Beitrag kann man mit Theater dazu leisten?

Die Bühne ist dabei ein besonderer Ort, alles was hier geschieht ist dramatisiert, wird also mit „besonderer Bedeutung" ausgestattet. Wenn also auf der Bühne eine Figur diskriminierende bzw. stereotype Aussagen macht, wiederholt sie dem Publikum bekannte Denkmuster. Nicht nur Aussagen von Figuren, auch die Handlung kann implizit bestehende Denkmuster und damit bestehende Stereotypen verstärken. Wenn es beispielsweise die Figur des Behinderten ist, die am Schluss keinen Arbeitsplatz bekommt, weil sie in den Augen des Arbeitgebers (als Antagonist) die geforderte Leistung nicht erbringen kann, folgt und bestätigt dieses Scheitern bestehende Vorurteile.

Wenn die ZuschauerInnen im Theater dem Gezeigten „besondere Bedeutung" geben, wissen sie implizit, dass es sich um die „Inszenierung" von Realität handelt. Sie beobachten nicht die Realität, obgleich das Gezeigte nah an einer realen Erfahrung sein kann oder dieser ähnelt. Nun werden die ZuschauerInnen aufgefordert, eine eigene Position zu entwickeln. Sie sollen in die Szene eingreifen. Die ZuschauerInnen selbst werden aktiv und zu „ZuschauspielerInnen". Sie werden also Teil einer neuen Szene.

Daraus ergeben sich Risiken und Chancen. Eine Chance könnte sein, dass sich die ZuschauerInnen animiert fühlen, gegen die dargestellten Stereotypen in ihrer Intervention vorzugehen. Das Risiko könnte sein, dass man nur einen Scheindiskurs initiiert: Wenn sich alle ZuschauerInnen einig sind, dass man gegen diese Diskriminierung vorgehen sollte, sind die Interventionen nur die Bestätigung einer im Publikum schon längst vorherrschenden Meinung. Es gibt keinen wirklichen Diskurs, denn es gibt keine Gegenposition. Ich glaube, solch eine Scheindiskussion entsteht vor allem, wenn die vorgestellte Situation eben zu durchschaubar aus Klischees und Stereotypen besteht. Gerade in dieser Produktion bestand die Gefahr, dass im Publikum schon längst die Haltung vorherrscht, behinderte Menschen nicht zu diskriminieren. Ein wirklicher Diskurs kommt nur dann zustande, wenn die Szene eben nicht nur vorhersehbare Interventionen anbietet. Dabei erleichtern allzu stereotype Darstellungen es den ZuschauerInnen, ihre eigenen Tabus und Widersprüche zu übergehen und wegfallen zu lassen. Ein tatsächlicher Diskurs wäre aber das Ziel der Theaterarbeit.

Wie kann man mit Klischees und Stereotypen arbeiten oder diese verhindern?

Augusto Boal selbst bietet hier Lösungsmöglichkeiten an: Die Darsteller und Szenen sollten authentisch sein. Je komplexer die Rollen gezeichnet werden, desto unwahrscheinlicher ist es, Klischees und Stereotype zu reproduzieren. Das spricht vor allem dafür, DarstellerInnen auftreten zu lassen, die die Situation aus eigener Erfahrung kennen. Sie garantieren sozusagen eine authentische Darstellung der Figur. So haben wir für diese Produktion Schauspieler und Schauspielerinnen gesucht, die eine Behinderung haben. Letztendlich haben wir bei dieser Produktion mit einem gemischten Team aus Menschen mit und ohne Behinderung gearbeitet.

Auch eine Probentechnik von Augusto Boal, die wir öfter in der Entwicklung von Forumtheaterspielszenen für das Legislative Theater verwenden, weist meiner Meinung nach in diese Richtung. Bei der Übung „Stop und denk nach" sollen die Darsteller den Gedankenstrom – die inneren Gedanken der Figur – von Situation zu Situation laut aussprechen. Darüber entsteht so etwas wie eine innere Logik der Rolle, die ganz entscheidend ist, um zu einer authentischen und mehrdimensionalen Figur zu kommen.

Im Zentrum des Theateransatzes steht das „Wiedererkennen". Die ZuschauerInnen sollen die Situation vor dem Hintergrund ihrer eigenen Erfahrungen wiedererkennen. Das Publikum soll die Erfahrung von Diskriminierung nachempfinden und teilen können. Das heißt, im Idealfall verknüpfen die ZuschauerInnen das Dargestellte mit ihren eigenen Erfahrungen. Die Szene integriert ähnliche und andere reale Erfahrungen. Die Gezeigte steht beispielhaft für viele Erfahrungen dieser Art. Es geht also dramaturgisch gesehen um eine andere Arbeitsrichtung als möglicherweise in der klassischen Theaterarbeit. Wenn Klischees für das „Wiedererkennen" hilfreich sind, sollte man sie auch nutzen dürfen.

Auch die von Augusto Boal geforderte Parteilichkeit für die Betroffenen erlaubt es, zuzuspitzen, z.B. wenn es um den Antagonisten geht. Für diese Figur ist kein Mitgefühl notwendig. Sie ist je nach Situation oder Szenenaufbau eventuell nur ein „Zitat" einer bekannten Realität. Eben möglicherweise ein Klischee, soweit dieses Klischee eine reale Situation widerspiegeln kann.

Die eigentliche Veränderung von Denkmustern ist aber die Intervention. Während der Intervention verändert sich die Theatersituation, die wir zunächst als künstlich, als „als ob" definieren, zu einem realen Diskurs. Er findet zwar noch formal auf einer Bühne statt, aber es wird eine reale Situation, weil sie nicht mehr inszeniert ist. Sie wird in diesem Sinne real. Dieses Mittel der Veränderung von Denkmustern möchte ich anhand des folgenden Beispiels noch deutlicher machen. Es ist zwar nicht unmittelbar aus der Theaterwelt, aber es zeigt einen Vorgang, den die Intervention im Boalschen Sinne auch bewerkstelligen soll:

„Verstärken Sie nicht die Stereotypen über Behinderung, wenn die SchülerInnen diese Szenen erfinden?" Das fragte uns eine Lehrerin in einen Workshop zum Thema Inklusion. Dieser Workshop, den ich nun schon mehrere Jahre erfolgreich mit meinem Kollegen Harald Hahn für die Friedrich-Ebert-Stiftung durchführe, soll den SchülerInnen zeigen, was Inklusion bedeutet. Um an diesem Workshop teilzunehmen, braucht es keine Voraussetzungen. Ob die SchülerInnen sich beispielsweise noch nie mit Inklusion befasst haben, oder ob es sich bei ihrer Klasse schon um eine Inklusionsklasse handelt – hier geht es um die Vermittlung grundlegenden Wissens über Inklusion. Dabei werden die Schülerinnen Schritt für Schritt und sehr praktisch mit dem Thema Inklusion in Kontakt gebracht. Prinzipien wie Wertschätzung, Vertrauen, Fehlerfreundlichkeit werden geübt. Die SchülerInnen erfahren diese Aspekte über „theatrale Übungen". Danach verwandelt sich das Workshop-Szenario in eine Werbeagentur: Die Schülerinnen werden aufgefordert, Werbespots zum Thema Inklusion zu entwickeln. Auch wird angekündigt, dass diese Werbespots zum Ende des Workshops einer Jury gezeigt werden. Die Schülerinnen bekommen dazu Sachtexte aus den einzelnen Artikeln der UN-Behindertenrechtskonvention in einfacher Sprache. Dies soll ihnen als inhaltliche Orientierung bei der Entwicklung der Werbespots dienen. Die Spots entwickeln sie in eigener Verantwortung in einer Kleingruppenarbeitsphase.

Wenn man einen Schritt zurück tritt und sich den Ablauf des Workshops genauer ansieht, ähnelt das Vorgehen dem Ablauf, den die SchülerInnen tagtäglich in der Schule erleben: Ihnen wird ein Thema vorgegeben, das sie sich erarbeiten sollen. Diesmal allerdings außerhalb des Klassenzimmers und mit wahrscheinlich unüblichen Methoden. Grundsätzlich ähnelt das Szenario aber dem typischen Schulalltag, bei dem die SchülerInnen Inhalte eines vorgegebenen Themas am Ende wiederholen können müssen. Diesmal – so die Aufgabe – sollen sie allerdings das neu gewonnene Wissen in kreativer Weise reproduzieren.

Die Schüler und Schülerinnen machen sich also an die Entwicklung ihrer Werbespots, wobei sie mehr oder weniger auch die Stereotypen über Behinderungen reproduzieren, die sie kennen. Hier und da wird die Rolle eines Rollstuhlfahrers oder blinden Menschen veralbert. Auch der unter Jugendlichen verbreitete Spruch „bist du behindert" fällt ab und zu. Im Großen und Ganzen haben sich bisher alle Schulklassen an die Erfindung einer plausiblen kleinen Geschichte für den Werbespot gemacht. Aus unserer Sicht ist es auch nicht schlimm, wenn sie dabei Stereotypen reproduzieren. Denn irgendwann kommt der Zeitpunkt, an dem sich die Atmosphäre des Workshops schlagartig ändert:

Der Auftritt der Jury. Unsere SchauspielerInnen aus der Produktion „Menschen sind verschieden, Rechte nicht“ sind unsere Jurymitglieder und sind selbst Behinderte. Ein Überraschungseffekt, denn das wussten die SchülerInnen vorher nicht.

Innerhalb von Millisekunden sieht man die Gedanken durch die SchülerInnenköpfe rasen. Wenn sie ihre Szene zeigen, was wird die Jury denken? Die bis dahin lässig dargestellte Rollstuhlfahrerin in dem gezeigten Werbespot wird von einer „echten Rollstuhlfahrerin“ kommentiert! Natürlich bewerten die Jurymitglieder die gezeigten Szenen (Werbespots) nicht. Sie sprechen über ihre Erfahrungen und was sie in den Szenen davon wiedergefunden haben. Sie erzählen den Schülern und Schülerinnen ihre Sicht auf die Inklusion. Und das wirkt.

So stelle ich mir die Veränderung von Stereotypen vor: Sie werden durch reale Erfahrungen verändert. Ein Stück weit schafft dies auch das Legislative Theater. Wenn die theatrale Ebene durch die Intervention der ZuschauspielerInnen in eine „reale“ Erfahrung kippt, können die Klischees und stereotypen Denkweisen, die sowieso in unseren Köpfen existieren, mit neuen Erfahrungen verknüpft und ergänzt werden.

Sucht Macht Unterdrückung. Spielend aufklären und verändern!

Das ‚Theater der Unterdrückten' dient der Verständigung über Handlungsgründe und -möglichkeiten und ist Werkzeug zur Veränderung süchtiger Verhältnisse. Ein Bericht über die „Theaterwerkstatt MutProbe"

Stephan B. Antczack

Kinder aus suchtbelasteten Familien unterliegen dreierlei Machtverhältnissen. Erstens, treffen in der elterlichen Beziehung die Eltern („Älteren") bzw. die Erziehungsberechtigten die Entscheidungen. Mit der Zeit werden sie allerdings von den Eltern delegiert. Psychologisch

entwickeln sich die Kinder und Jugendlichen zum Subjekt, je mehr Entscheidungen sie selbst treffen dürfen und können. Sie werden unabhängiger. Sie unterliegen außerdem (zweitens) den allgemeinen Macht- und Unterdrückungsverhältnissen der Gesellschaft. Diese finden sich in Politik, Ökonomie, Religion, Kultur usw. Mit der Unabhängigkeit ist es hier schwieriger. Schließlich (drittens) sind sie einer Macht unterworfen, die unberechenbar ist, die das Verhalten ihrer Eltern unangenehm verändert, die Gewalterfahrungen mit sich bringt und die sie ein Leben lang prägt: Die Macht der Sucht.

Der Begriff „Sucht" wird in seiner wortgeschichtlichen Bedeutung aus dem Wort „Siechtum" abgeleitet, was dem Begriff „Krankheit" entspricht (vgl. Feuerlein (1989), S. 4; vgl. Wulff (1995), S. 86).

> „Sucht ist ein Wort, das nichts erklärt, sondern lediglich ein bestimmtes Verhaltensmuster abgekürzt beschreibt." (Schneider (2001), S. 11)

Die Unschärfe des Begriffs „Sucht" führte dazu, dass er 1964 von der Weltgesundheitsorganisation WHO in Bezug auf die Einnahme von chemischen Substanzen durch den Begriff der „Abhängigkeit" ersetzt wurde. Einher ging dies mit der Anerkennung als behandlungsbedürftige Krankheit im medizinisch-psychiatrischen Sinne (vgl. Feuerlein, S. 5). Fachleute plädieren dafür, in Abgrenzung zum „medizinisch-psychiatrischen Abhängigkeitsbegriff" „Sucht" als „psychologischen Terminus" zu verwenden, um den impulsiven Gebrauch stoffungebundener Prozesse begrifflich fassen zu können (Poppelreuther, Gross (2000), S. XV). Der Begriff „Sucht" wird in diesem Sinne für ein exzessives Verhalten verwendet, das dem menschlichen Subjekt aus der Kontrolle gerät und folgend das Subjekt zum Objekt wandelt. Die eigenen Handlungen sind nur noch bedingt lenkbar. Das (süchtig) handelnde Individuum wird behandlungsbedürftig und ggf. (therapeutisch) behandelt. Nur wenige Wissenschaftler*innen thematisieren den folgenreichen Autonomieverlust, der mit dem Wandel vom Subjekt zum Objekt verbunden ist. Der substanz- bzw. handlungsbasierte Autonomieverlust verursacht ein ausgeprägtes Bedürfnis nach Kontrolle und Macht (‚Größenwahn') beim Süchtigen, das einhergeht mit Mobilisierung enormer Kraft- und Willensreserven. Es gibt Wissenschaftler*innen, die eine Pathologisierung von Sucht in Frage stellen. Sie empfehlen, Drogen als „erfahrungsvermitteltes Verhältnis zwischen einer psychotropen Substanz und einem konkreten Individuum" zu betrachten, statt die psychotrope Substanz auf bestimmte Körperfunktionen festzulegen, wie es die WHO tut (Vandreier (2011), S. 134). Was für eine Anerkennung als Krankheit spricht, ist die Ermöglichung der Behandlung im Rahmen der gesetzlichen Kranken- bzw. Rentenversicherung (vgl. Gross (1990), S. 29). Solange Sucht nicht als Krankheit anerkannt ist, können Kranken- und Rentenversicherungsträger die Kosten für die Behandlung verweigern. Gesamtgesellschaftlich verursacht die unbehandelte Sucht viel höhere Kosten. Wer an einer stoffungebundenen Sucht leidet, der/dem bleibt nur übrig, begleitende Diagnosen anzuführen, um eine psychotherapeutische Unterstützung vom öffentlichen Gesundheitswesen finanziert zu bekommen. Die amerikanische Psychologin Schaef prägte sogar den Begriff eines ganzen „Suchtsystems", in dem Betroffene selten nur an einer Sucht leiden.

> „Es kam relativ selten vor, dass eine Person nur eine Sucht hatte. Egal ob es sich um den Süchtigen handelte, oder den Menschen, der sich innerhalb eines Suchtsystems bewegte, gewöhnlich war die Sucht nicht auf ein Mittel oder eine Person beschränkt, die den Betreffenden gefangen hielt. Oft waren es sogar Sekundärkrankheiten, welche die typischen Mechanismen der Primärkrankheit ‚Suchtprozess' aktivierten." (Schaef (1997, 1989, 1987), S. 20)

Diese Entdeckung veranlasst den Autor, bei „Sucht" von einer „sozial ansteckenden Krankheit" zu sprechen. Sie infiziert jede/n, die/der ohne soziale Immunisierung (z.B. Psychotherapie oder Besuch von Selbsthilfegruppen) für längere Zeit mit süchtigen Personen im Kontakt steht. Der mitfühlende Impuls, einer hilflosen Person zu helfen, ist vernünftig. Was nun aber, wenn sich eine Person mit Gewinn in hilflose Situationen manövriert? Der Impuls zum Helfen verkehrt sich ins Gegenteil. Das Helfen reproduziert neue Hilflosigkeit und gerät außer Kontrolle. Es entsteht „Co-Abhängigkeit". Die meisten Süchtigen sind „co-abhängig", bevor sie beginnen, ein Suchtmittel zu nutzen. Suchtmittel sind Substanzen (z.B. Adrenalin, Alkohol, Drogen, Medikamente, Nikotin) oder Handlungen (z.B. Arbeiten, Aufschieben, Essen, Erbrechen, Fokussieren auf Beziehungen und Romanzen, Glücksspiel, Helfen, Hungern, Internet-Surfen, Kaufen, Kontrollieren, Sexualität, Schulden machen, Zwangshandlungen etc.). Nach Sharon Wegscheider-Cruse, die als erste Frau das Phänomen der „Co-Abhängigkeit" wissenschaftlich untersuchte, sind 96% der Bevölkerung von „Co-Abhängigkeit" betroffen. (vgl. Schaef (2008,1986), S.25). „Co-abhängig" ist:

> „eine Person, die erstens einen Alkoholiker liebt oder mit einem solchen verheiratet ist, zweitens deren Eltern oder Großeltern Alkoholiker sind oder die drittens in einer emotional repressiven Familie aufgewachsen ist." (Wegscheider-Cruse (1984), S. 1, zitiert nach: Schaef (2008,1986), S. 25)

„Co-Abhängigkeit" birgt die Grundstruktur der Sucht. Der Kontrollverlust über das Verhalten der Angehörigen und der eigenen Person bewirkt ein übersteigertes Bedürfnis nach Kontrolle und Macht. Co-Abhängige gelten als „herrsch-süchtig", kontrollierend, rigide. Die bestehenden Spannungszustände werden „süchtig" verarbeitet, was darauf hinaus läuft, dass sich die benutzten Mittel auf stofflicher oder Verhaltensbasis verselbstständigen. Der Suchtkreislauf ist perfekt.

Störungen der Sucht finden auf drei Ebenen statt: Im persönlichen Bereich, wo Sucht das innere seelische Gleichgewicht stört, im sozialen Bereich, wo individuelle und gesellschaftliche Interessen vermittelt und gestört werden (Familienkrankheit), sowie im politischen Bereich, wo Sucht als Ausdruck der Herrschaftsverhältnisse, die Geltung der Interessen unterlegener Gruppen verhindert (stört). Individuelle und gesellschaftliche Beziehungsfähigkeit (Freiheit) korrespondieren am meisten in der Familie als Kern des intersubjektiven Bezugssystems der Gesellschaft. Andere intersubjektive Bezugssysteme sind z.B. der Betrieb, die Schule oder das Heim. Die Fokussierung auf süchtige Wünsche und Bedürfnisse führt zur Störung der inneren und äußeren Beziehungsgestaltung des Subjekts.

> „Süchtige Wünsche werden zu Zeiten übermächtig, wo Befriedigungen im Rahmen der gesellschaftlich eingebundenen Lebensbewältigungen schwer zugänglich sind, wo produktive Wirklichkeitserfahrungen die jemand weiterführen und gerade dadurch auch befriedigen, kaum gemacht werden. Noch heftiger schwellen sie an in Zeiten, wo gesellschaftlich eingebundene Zielvorstellungen für den einzelnen völlig verloren gegangen sind und oft auch der nachbarschaftliche und familiäre Zusammenhalt sinnlos geworden zu sein schein." (Wulff, S. 91/92)

Die Wiederherstellung der selbstbestimmten Beziehungsfähigkeit (was im weitesten Sinne Freiheit von individuellen und gesellschaftlich-historischen Zwängen meint) wird Ziel psychotherapeutischer Behandlung (vgl. Mitscherlich, S. 216).

Die Manipulierbarkeit individueller Glücks- und Befriedigungserfahrungen (vgl. Wulff, S. 90) ist eine gesellschaftliche Funktion der Sucht. Sie dient der politischen Beherrschbarkeit bedürftiger Subjekte. Das Interesse der Beherrschbarkeit rührt vom Kapital, dem bestimmenden Verhältnis der bürgerlichen Gesellschaft (vgl. MEW Bd. 25 (1987, 1894), S. 357). Profit ist dabei Treibstoff, auch für die Suchtmittel-erzeugende Industrie. Sie nutzt den Bedarf nach Suchtmitteln, um (Kapital-)Gewinn zu erzeugen (vgl. ebd.). Die Abhängigkeit der einen ist die Macht der anderen. Sich positionieren bedeutet, sich gegen einflussreiche Interessen zu stellen. Selbst Therapie und Prävention sind ‚Branche' und (lukratives) Geschäft. Süchtige Menschen ordnen sich den Interessen der bürgerlichen Gesellschaft unter. Wesenseigen ist diesen Eigentums- und Machtverhältnissen die Produktion von Profit, deren Kehrseite die Ausbeutung der an der Produktion beteiligten Kräfte und der Ausschluss vieler Menschen von der Möglichkeit zum Lohnerwerb bedeutet. Die Macht liegt beim Bürgertum, deren Angehörige, u.a. therapeutisches Personal, die Normen für Krankheit und Therapie bestimmen und kontrollieren. Priorität haben dabei die Kriterien ökonomischer Gesetze und die geltende Herrschaftspraxis, weniger die Bedürfnisse der Menschen (vgl. Basglia und Basaglia-Ongaro (1980), S. 20, vgl. Weber (2011a), S. 183/184). Die Herrschaft der bürgerlichen Gesellschaft funktioniert reibungsloser, wenn sich die Betroffenen den Wirkungen eines Suchtmittels aussetzen, statt sich den Zumutungen gesellschaftlicher Unterdrückung zu widersetzen. Die aufsässig-renitente und widerständige Haltung der Süchtigen, gepaart mit ihrem Kräftepotenzial und Willen werden kanalisiert und ins Gegenteil verkehrt. Süchtige (re)produzieren Unterdrückung. Sie vernachlässigen sich und die ihnen anvertrauten Familienmitglieder. Sie verwenden in familiärer Beziehung fast immer verbale, seelische und/oder physische Gewalt. Ihr Verhalten ist widersprüchlich. Sie wollen sich selbst entfalten und ihre Möglichkeitsräume erweitern und tragen zur Manifestierung bestehender Machtverhältnisse bei (vgl. Markard (2009), S. 183; vgl. Holzkamp (1985), S. 364).

Befreiung funktioniert über Aufklärung und Bewusstmachung, ganz im Sinne Paulo Freires, Freund und Kollege Augusto Boals (vgl. Freire (1970); vgl. Fritz (2013), S. 61; vgl. Staffler (2009), S. 32; vgl. Zumhof (2012), S. 26f). Aufklärung und Bewusstsein sind Schlüsselwörter für das, was in der „Theaterwerkstatt MutProbe" geschieht. Die Theaterwerkstatt entstand 2008 auf der ersten Open-Space-Strategiekonferenz „Kinder in suchtbelasteten Familien: Wege aus dem Schatten ins Licht" im Saalbau Neukölln (heute: Heimathafen Neukölln). Die Strategiekonferenz wurde von NACOA Deutschland e.V. ausgerichtet, einem Verein, der 2004 in Berlin gegründet wurde und Vorbilder in den USA und in UK findet.

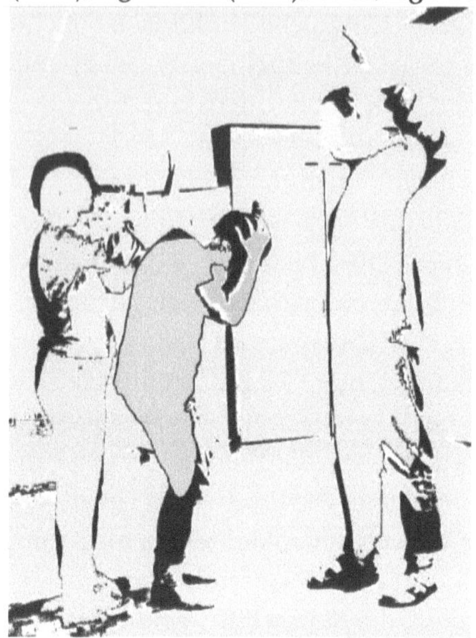

Grundgedanke der Theaterwerkstatt ist, dass der individuelle Terror süchtiger Familienverhältnisse zum Erscheinungsbild der politischen Herrschaftsverhältnisse gehört. Diese optimieren die Verwertungsbedingungen einer elitären Minderheit zu Ungunsten der marginalisierten Mehrheiten. Der Rausch ermöglicht das kurzfristige Pausieren individuell-subjektiv erlebter Abhängigkeitsverhältnisse und fordert die unmittelbare Unterwerfung unter das Rauschmittel (oder Verhalten). Die/der Süchtige wird zur/zum Diener*in der Eliten und erzwingt, zum Teil mit Gewalt, den Gehorsam der Familie. Wer die politische Befreiung individueller Subjekte in der Gesellschaft wünscht, wird um die Befragung der Sucht keinen Bogen machen können. Süchtige Familienverhältnisse sind Gegenstand der Theaterwerkstatt MutProbe. Das Beziehungsgeschehen der aus dem Gleichgewicht geratenen Familien wird untersucht und der Aufstand der unterdrückten Familienteilnehmer*innen geprobt. In der Theaterwerkstatt werden Standbilder und szenische Improvisationen produziert, um Machtverhältnisse und Widersprüche in Suchtfamilien und ihrem gesellschaftlichen Umfeld mit konkreten Beispielen sichtbar zu machen und zu befragen. Es werden Machtverhältnisse herauskristallisiert und im gesellschaftlichen Zusammenhang diskutiert. Selbst unter Unterdrückten gibt es Unterdrückung: Boal spricht von einer Kette von Unterdrückungen, die es umzukehren gilt (vgl. Fritz (2013), S. 90). Warum handeln Menschen so? Wo gibt es Handlungsalternativen? Der Missbrauch von Macht und Unterdrückung in der Familie und der Gesellschaft wird am Beispiel der Sucht diskutiert. Und: Was ist Unterdrückung?

> „Unterdrückung ist eine konkrete Beziehung zwischen Individuen, die zu unterschiedlichen sozialen Gruppen gehören. Es ist eine Beziehung, in welcher die eine Gruppe auf Kosten der Anderen profitiert." (Boal, Julián (2011), S. 107) […] „Es ist eine historisch gewachsene Frage." (Ebd., S. 109)

Gilt das für suchtbelastete Familien? Familien bilden den Kern der bürgerlichen Gesellschaft. Der Name Familie steht für das lateinische Wort „Famulus", was „Sklave" heißt. Die Familie tritt historisch auf die Bühne mit der Ablösung des Mutterrechts der Urgesellschaft. In der Urgesellschaft bestand die Gruppenehe. Das Eigentum konnte an die kommenden Generationen nur über die Mutter weitergereicht werden, denn nur sie kannte die Herkunft ihrer Kinder. Mit der wachsenden Bedeutung der Arbeit entstand die Paarungsehe. Der Vater wurde identifizierbar. Seine Funktion war die des Ernährers. Mit der Entwicklung der Produktivkräfte entfaltete sich seine Rolle. Relevant wurden die Arbeitsmittel, über die der Vater verfügte. Das Eigentum von Arbeitskräften, von „Sklaven", markiert den Beginn der Klassengesellschaft und der Familie (vgl. Engels, Friedrich (1981, 1964, 1884), S. 57ff). Die bürgerliche Gesellschaft hat keine Sklaven mehr. Die bürgerlichen Eigentums- und Machtverhältnisse werden in der Kleinfamilie konstituiert, die ohne Sklaven auskommt. In manchen Familien gibt es Rückgriffe auf antike Umgangsformen, etwa wenn z.B. Kinder oder Senioren wie Sklaven behandelt (oder verkauft) werden. Welche Interessen verfolgen (süchtige) Eltern bezüglich ihrer Kinder? Subjektiv wollen sie meist das Beste. Sie wünschen, dass „ihre" Nachkommen überleben und einigermaßen gut bzw. glücklich ins Leben kommen. Ihr (süchtiges) Verhalten zwingt sie objektiv zur Unterwerfung der Interessen ihrer Kinder unter die Interessen der (eigenen) Sucht. Eltern leben auf Kosten ihrer Kinder. Das ist Unterdrückung. Sucht ist individualisierter Ausdruck der politischen Klassenverhältnisse.

> „Wenn die Unterdrückung subtiler, schwerer durchschaubar ist, dann müssen auch die Mittel zu ihrer Bekämpfung subtiler sein. Eines ist gewiss: Wo es Unterdrückung gibt, muss sie abgeschafft werden." (Boal, Augusto (2004, 1976), S. 68).

Mit den Mitteln des „Theaters der Unterdrückten" (TdU) zu arbeiten heißt, die gesellschaftlichen Rahmenbedingungen, in denen Menschen leben, zu beachten und nach Möglichkeiten Ausschau zu halten, sie zu verändern. Wer etwas ändern will, braucht Klarheit über die Substanz der Konfliktebenen. Auf der Bühne und im Theater resultiert die Substanz des Konfliktes aus den widersprechenden Interessen von Protagonist*in und Antagonist*in. Das TdU tritt mit einer offenen Frage an. Es befragt gesellschaftliche Konflikte und Unterdrückungsverhältnisse. Wie steht es mit den Interessenslagen und Antagonismen? Ist eine Veränderung sinnvoll und wenn ja, wie ist das erreichbar? Alle Figuren und Teilnehmer*innen können nach Affektlage, Bedürfnissen, Gefühlen, Interessen, Handlungsgründen, Motivation sowie nach Wertungen befragt werden.

Die Wechselwirkungen von Machtkonstellationen süchtiger Familien und den gesellschaftlichen Machtverhältnissen können nur im Zusammenhang sinnvoll thematisiert und verstanden werden. Machtkonstellationen und konkrete Beziehungsgefüge lassen sich – theaterpädagogisch bearbeitet – in szenischen Bildern und kurzen Improvisationen eindrücklich visualisieren und entschlüsseln. Es mag befremdlich erscheinen, ein medizinisches bzw. psychologisches Problem mit Mitteln des Theaters zu bearbeiten. Gut denkt der Bürger, die Bürgerin, Sucht ist ein wichtiges Thema und gehört als Stoff auf die

Bühnen der Theaterhäuser. Neu ist: Das TdU macht das Publikum zur/m Akteur*in. Augusto Boal verstand Theater als Diskurs:

> „Das Bürgertum weiß bereits wie die Welt ist, seine Welt, und führt Bilder aus dieser geschlossenen Welt vor. Das Proletariat, die ausgebeuteten Klassen, wissen noch nicht wie ihre Welt sein wird. Folglich ist ihr Theater die Probe und nicht das fertige Schauspiel." (Boal (2004, 1976), S. 58)

In der Probe, die den Kern der Theaterwerkstatt ausmacht, spielen ‚Dynamisierung' (vgl. Boal (2005, 1995), S. 86) und das Spiel mit dem ‚Status' (vgl. Johnstone (1996), S. 51f) eine wichtige Rolle. In den szenischen Proben werden psychodramatische Arbeitsweisen (vgl. von Ameln (2009, 2004), S. 20–22; vgl. Feldhendler (1992)) angewandt, die u.a. für das szenische Spiel in der Schule und theaterpädagogische Kontexte transformiert worden sind (vgl. Scheller (1998), S. 54f). Sucht lebt von der Maxime, dass nicht sein kann, was nicht sein darf. Die

Sucht lebt vom Schleier der Leugnung und von der Macht der Geheimnisse (vgl. Schaef (1997, 1989, 1987), S. 25). Das offene Gespräch bricht den Mantel des Schweigens. Eine freie Debatte revolutioniert die süchtigen Verhältnisse. Das erfordert Mut. Wenn Jugendliche Grenzen testen und Tabubrüche unternehmen ist das eine: Mutprobe. Das subversive Spiel gegen die Macht der Sucht tut exakt das. Darum ist der Name Programm. Bei der Theaterwerkstatt handelt es sich um eine: Mut-Probe.

Die Regeln innerhalb der süchtigen Familie lauten: Probleme verbergen, Gefühle unterdrücken, Vertrauen negieren, Kontrolle ausüben (selbst wenn es sinnlos ist), Verpflichtung zur Hilfsbereitschaft und: alles bleibt, wie es ist (vgl. Mayer (2008), S. 18). Die süchtige Störung der Familienverhältnisse verursacht eine dysfunktionale Verteilung der Machtverhältnisse innerhalb der Familie. Einzelne Mitglieder der Familie dekompensieren hinsichtlich ihrer Aufgaben und Verantwortungsbereiche. Die entwicklungsbedürftigen Teilnehmer*innen der Familie (Kinder) kommen in der emotionalen und sozialen Versorgung zu kurz und werden gezwungen, Tätigkeiten zu übernehmen, die weder ihrer Entwicklung entsprechen noch derselben förderlich sind. Kinder übernehmen Kontrolle. Daraus folgt:

> „Sie müssen sich selbst das geben, was die Erwachsenen nicht geben können oder wollen: Schutz. Sie schützen sich auf radikale Weise, sie lassen sich von niemandem mehr helfen, sie vertrauen keinem mehr, sie machen alles mit sich allein ab." (Lambrou (1991), S. 60)

Die Machtverhältnisse innerhalb der Familie werden auf den Kopf gestellt. Dies schadet den Betroffenen. Die Kinder in Suchtfamilien lernen Rollenmuster. Sie werden bezeichnet als „Familienheld" oder die Verantwortungsbewusste, als „Das schwarze Schaf" in der Rolle des Sündenbocks, „das verlorene Kind", im Verhalten des stillen

und/oder vergessenen Kindes und die/der „Clown*in", alias „Kaspar" oder „Maskottchen", Kinder, die mit Späßen und Albernheiten alle Aufmerksamkeit auf sich lenken (vgl. Freundeskreise für Suchtkrankenhilfe (2008), S. 16f). Diese Rollenmuster lassen sich im Spiel rekonstruieren. Sie zu identifizieren hilft betroffenen Kindern, die Hilfe zu bekommen, die sie brauchen. Das lässt sich im Spiel erproben.

Die Theaterwerkstatt richtet sich an betroffene Erwachsene aus Suchtfamilien und an professionelle Mitarbeiter*innen aus der Suchtprävention und Suchthilfe. Menschen der Betroffenengruppe ‚erwachsener Kinder aus suchtbelasteten Familien' leiden an Verhaltensmustern, die ihnen in der Kindheit das Leben gesichert haben, die aber im Zusammenhang aktueller Beziehungen für sie schädlich sind. Eine Untersuchung unter ‚erwachsenen Kindern aus alkoholkranken Familien' (EKA) ergab:

> „1. EKA haben keine klare Vorstellung davon, was normal ist. 2. EKA fällt es schwer, ein Vorhaben von Anfang bis Ende durchzuführen. 3. EKA lügen, wo es ebenso leicht wäre die Wahrheit zu sagen. 4. EKA verurteilen sich gnadenlos. 5. EKA fällt es schwer, Spaß zu haben. 6. EKA nehmen sich sehr ernst. 7. EKA haben Schwierigkeiten mit intimen Beziehungen. 8. EKA zeigen Überreaktionen bei Veränderungen, auf die sie keinen Einfluss haben. 9. EKA suchen ständig Anerkennung und Bestätigung. 10. EKA haben meistens das Gefühl, anders zu sein als andere Menschen. 11. EKA sind entweder übertrieben verantwortlich oder total verantwortungslos. 12. EKA sind extrem zuverlässig, auch wenn offensichtlich ist, dass etwas oder jemand diese Zuverlässigkeit gar nicht verdient. 13. EKA sind impulsiv. Sie neigen dazu, sich mit Verhaltensweisen festzurennen ohne alternative Handlungsmöglichkeiten oder eventuelle Konsequenzen ernsthaft zu bedenken. Diese Impulsivität führt zu Verwirrung, Selbstverachtung und Kontrollverlust über ihre Umgebung. Das Resultat ist, dass sie enorm viel Energie

> aufbringen müssen um das angerichtete Durcheinander wieder zu beheben." (Woititz (2009, 1983), S. 11/12).

(Erwachsene) Kinder aus suchtbelasteten Familien sind ihrer Kindheit beraubt. Die Sucht herrscht in den Familien mit einer ungeheuren Rigidität. Das (Theater)Spiel erlaubt, ein Stück Kindheit nachzuholen, einen spielerischen Austausch der Mächte, die im realen Leben nicht ungestraft in Frage gestellt werden (dürfen). Das ist für Menschen aus suchtbelasteten Familien besonders lustvoll und heilsam. Die Verkehrung der verkehrten Welt löst das Lachen und die Spielfreude. Ein Experte des Humors spricht von mitfühlender Distanz (vgl. Gilmore (1995), S. 75). In der suchtbelasteten Familie haben die Betroffenen gelernt, ihren Gefühlen zu misstrauen. In solchen Familien sind Kinder gezwungen,

> „Gefühle zu demonstrieren, die erwünscht sind, unabhängig davon, ob es sie empfindet oder nicht. Kinder sind daran gewöhnt, ihre Zuneigung zu einem Elternteil zu verstecken, zu erklären oder verteidigen zu müssen." (Lambrou (1991), S. 94)

Im Spiel ist es möglich, Gefühle auf ihre Authentizität zu prüfen. Sucht ist mit unangenehmen Gefühlen verbunden (Angst, Scham, Schmerz, Schuld, Wut). Mit der Sucht zu leben, bedeutet ein Leben in Angst zu führen. Angst, Autonomie und Kontrolle zu verlieren. Angst entdeckt zu werden. Angst vor der Scham. Angst, sich Menschen und Institutionen gegenüber offenbaren und unterordnen zu müssen. Ängstliche Menschen sind leicht verletzbar. Verletzte Menschen verletzen andere Menschen. Sie

lösen Ärger aus. Angst und Groll bilden die energetische Grundlage der Sucht. Wer von Sucht genesen will, braucht eine ständige Prüfung ihrer/seiner moralischen Konstitution, braucht ein ständiges Update der Betriebssoftware im Beziehungsgefüge. Ein solches Update leistet die Theaterwerkstatt. Gefühle finden ihren Platz. Es wird möglich, sich wieder auf Gefühle und Wahrnehmungen zu verlassen. Es wird gelacht und geweint. Zuweilen schämt sich jemand. Das alles macht Leben aus und wir gehen dem nicht aus dem Weg. Diesen Gefühlen Zeit (Raum) einzuräumen hat etwas Heilendes. Sogar Drogentherapieeinrichtungen nutzen die Form des Spiels mit Gefühlen (vgl. Casriel (1995); vgl. Yablonski (1990)).

Zweite Zielgruppe sind Mitarbeiter*innen der Suchtprävention: Professionelle Helfer*innen aus Kontakt- und Beratungsstellen, Sozialarbeiter*innen und Psycholog*innen, niedergelassene Ärzt*innen oder Psychotherapeuten*innen und Mitarbeiter*innen aus Therapieeinrichtungen. Ebenso nehmen Erzieher*innen, Pädagog*innen und Lehrer*innen teil. Professionelle Helfer haben Schwierigkeiten, etwas für ihre Klientel zu erreichen. Ein Sozialarbeiter inszenierte einen „Regenbogen der Wünsche" (vgl. Boal (2005, 1995)), bei dem es um seine gescheiterten Versuche und Wünsche ging, Unterstützung für einen

Jugendlichen aus einer Suchtfamilie beim Jugendamt zu erwirken. Am Ende fanden wir Möglichkeiten heraus, die eine Anteilnahme der ansonsten abwehrenden und lethargischen Jugendamtsleiterin bewirkte, was wiederum zu einer helfenden Amtshandlung führte.

Bei Profis handelt es sich meist um Menschen mit akademischer Bildung. Manchmal sind sie in betroffenen Familien aufgewachsen. Betroffene wählen gerne Berufe, in denen sie der alten Problematik auf professioneller Ebene begegnen (dürfen, können). Die bürgerliche Suchtprävention wird von Kritischen Psycholog*innen kritisiert, weil sie Motivation, Interessen und Bedürfnisse der Subjekte nicht ausreichend beachtet (vgl. Sanin (2013), S. 171). Diese Kritik greift das Konzept der Theaterwerkstatt auf, indem sie sich sowohl subjektiven Begründungshorizonten öffnet, als auch gesellschaftlich relevante Abhängigkeitsverhältnisse thematisiert. Die Theaterwerkstatt folgt einer gewachsenen Struktur. Sie beginnt mit einer Kennlernphase, die von einigen Spielen begleitet wird. Wie intensiv diese Phase sein soll, hängt von den konkreten Bedürfnissen der Gruppe ab, grundsätzlich sollten alle die Namen aller Teilnehmer*innen kennen und eine Ahnung haben, wo diese jeweils her kommen und womit sie im Alltag beschäftigt sind (zumindest für die Profis ist das relevant). Im zweiten Teil wird sich der Vorstellung des „Theaters der Unterdrückten", seiner Historie und seiner dramaturgischen Figur (Protagonist*in, Antagonist*in, Joker*in, Diskussion und Intervention, Dynamisierung, Veränderung) gewidmet. Der dritte Block widmet sich den unangenehmen Gefühlen, wie Angst, Schmerz und Zorn. Es ist wichtig, dass es einen Austausch darüber gibt, wie die einzelnen Teilnehmer*innen damit umzugehen pflegen. Während einer Theaterwerkstatt kam es zu einem schmerzhaften Gefühlsausbruch, der die Gruppe zersplitterte. Es hat gut eine Stunde Zeit gekostet, alle wieder miteinander zum Spielen zu bringen. Auf die Wünsche und Bedürfnisse der einzelnen soll in der Gruppe eingegangen werden, da solche Gefühle sehr plötzlich, überraschend und heftig in Erscheinung treten. Nicht alle halten das gleichermaßen aus. Dafür sollte es Spielraum geben. Diese Phase wird spielerisch durch das Erstellen von Standbildern erarbeitet und mit Zeichnungen protokolliert bzw. mit Karteikarten an Wäscheleinen. Bedeutsam ist, dass alle Teilnehmer*innen einen

Zugang zu Wünschen und Bedürfnissen der anderen haben. Im vierten Block geht es um „Demechanisierung“ bzw. „Entspezialisierung“, wie es Boal in einem Workshop nannte (vgl. Boal (2013), S. 123). Es geht darum, den eigenen Körper kennenzulernen, eine Aufhebung der gesellschaftlich bedingten „Deformation“ des Körpers zu erreichen und die eingespielten Handlungsmuster, die Teil der Herrschaftsstrukturen sind, in Bewegung zu bringen. Der Körper, als Basis des Subjektes wird beweglich und spielfähig (vgl. Boal (2004, 1976), S. 46f; S. 174f). Gruppendynamische Übungen werden durchgeführt. Diese Übungen sind nach dem Muster „Vom Einfachen zum Komplexen“ in fünf Stufen aufeinander abgestimmt (vgl. Boal (2013), S. 121ff). Der fünfte Block eröffnet die pro- und introspektiven Übungen aus dem „Regenbogen der Wünsche“ (vgl. Boal (2005, 1995), S. 84ff). Kleingruppen konstruieren „Bilder“ von suchtbelasteten Familien. Es entstehen kleine Szenen, geprägt von akuten Problemlagen, welche die Teilnehmer*innen erlebt haben. Mit einem Blitzforum werden die Szenen von den Akteur*innen und vom Publikum analysiert und diskutiert. Die vorletzte Phase erprobt Interventionen. Den letzten Block bildet die Reflexionsrunde. Gelegentlich gibt es Hilfen auf dem Feld kreativer Blockaden und gestauter Energien. Ein Grundkurs der amerikanischen Regisseurin und Kritikerin Julia Cameron bietet kreative Werkzeuge an (vgl. Cameron (1996, 1992)). Die Raumfrage trägt zum Erfolg der Werkstatt bei. Die Auswahl angenehmer Räume gehört zur guten Vorbereitung einer Theaterwerkstatt, in der sich die stark beanspruchte Seele wohlfühlen können soll. In der Auswahl der räumlichen Situation habe ich auf eine gemütliche, geräumige und helle Atmosphäre geachtet. Schwarze, abgedunkelte Theaterräume wären in diesem Zusammenhang nicht optimal. Zukunftsmusik ist das „Unsichtbare Theater“. Voraussetzung ist eine große Gruppe und ausreichend Zeit, um ein Stück zu entwickeln und aufzuführen (vgl. Thorau, Henry (2013)).

Genesung von Sucht erfordert einen Selbstreflexionsprozess. Ein Update der Betriebssoftware „Sucht" erfolgt in der Theaterwerkstatt. Ein kontinuierliches Update setzt mit dem regelmäßigen Besuch von Selbsthilfegruppen ein (vgl. Al-Anon Familiengruppen (1995, 1994); Lambrou (1991), S. 199f). Der Besuch von Selbsthilfegruppen wird von der Theaterwerkstatt aktiv angeregt. Selbsthilfe meint die Aktivierung der (verlorenen) Autonomie, sie organisiert die Eigenverantwortung für das Leben (vgl. Haug (2004), S. 14). Selbsthilfe ist die wesentliche Ressource der Genesung von Sucht. Der Besuch von Beratungsstellen und Selbsthilfegruppen und Interventionen werden geprobt. Der Psychologe Michael Klein benennt als Bedingung für eine gesunde Entwicklung der betroffenen Kinder und Jugendlichen: Sicherheit, Beständigkeit, Anerkennung, Bestätigung, liebevolle Zuwendung realistische und alltagsbezogene Vorbilder, sinnvolle Lebensziele und die Einführung in einen funktionalen Lebensstil (vgl. (Klein (2007), S. 482). Entscheidend für die Sucht-Prophylaxe von Kindern und Jugendlichen aus suchtbelasteten Familien – die selbst höchst gefährdet sind, süchtig bzw. psychisch krank zu werden (vgl. Klein (2005), S. 20f) – ist die Stärkung ihrer Widerstandskraft (Resilienz) (vgl. Mayer (2008, S. 116ff). Resilienz-Faktoren sind: Einsicht, Unabhängigkeit, Beziehungsfähigkeit, Initiative, Kreativität, Humor und

Moral (vgl. Klein (2005), S. 46). Durch Spiel und Theater erreichen sie die professionellen Helfer*innen und lassen sich von diesen an betroffene Kinder vermitteln.

Risikofaktoren für eine Abhängigkeits- bzw. Suchtkarriere sind der frühe Einstieg sowie der polyvalente Konsum von Suchtmitteln. Eine besondere Gefahr für eine Suchtentwicklung ist der Konsum von Tabak, Alkohol und Cannabis in der Kindheit. Abstinenz als leuchtturmartiger Maßstab der Suchtprävention wäre jedoch kontraproduktiv. Eine abstinente, suchtfreie Gesellschaft ist eine Illusion. Kinder und mehr noch Jugendliche orientieren sich an Erwachsenen. Zur Kindheit und Jugend gehört es, die eigenen Grenzen zu finden und zu erproben. Grundlegend ist es zu wissen, wo sie Hilfe bekommen, wenn sie sie brauchen. Wir sollten uns erlauben über Sucht zu sprechen. Ehrlichkeit und Kongruenz ist eine Grundlage, die der Sucht den Boden entzieht. Was den Kindern und Jugendlichen hilft sind Selbstbehauptung, Durchsetzungsfähigkeit, Kontakt- und Genussfähigkeit (vgl. Klein (2007), S. 483). All das können sie sich mit kreativen Angeboten, wie Kunst und Theater, erobern. Wenn professionelle Helfer*innen selbst Geschmack an ästhetischen Ausdrucksweisen und spielerischen Aktionen finden, sind sie eher bereit, kreative Angebote zu gestalten und/oder in Auftrag zu geben. Lernen ist Beziehungsarbeit. Das gute Beispiel geht voran. Es braucht ein Bewusstsein für Suchtprozesse und ihre Folgen, einschließlich der Dynamik für Familie und Gesellschaft, die Kenntnis von Rechten und Möglichkeiten (Beratung, Selbsthilfe, Therapie) und Angebote, wie sie die Theaterwerkstatt MutProbe darstellt. Die Welt der Unzuverlässigkeit, der Gewalt und der Verbote, die in suchtbelasteten Familien vorherrscht, kann durch Spiel und mit Kraft der Erlaubnis aufgeklärt und verändert werden.

Literatur

Sucht und Gesellschaft

Al-Anon Familiengruppen (1995,1994): Vom Überleben zur Genesung, Essen/D, Virginia Beach/USA.

Basaglia, Franco; Basaglia-Ongaro, Franca (1980): Befriedungsverbrechen. Über die Dienstbarkeit der Intellektuellen, Frankfurt/Main.

Casriel, Dan (1995): Wiederentdeckung der Gefühle. Um einen Schrei vom Glück entfernt, Oberursel.

Engels, Friedrich (1981,1964,1884): Ursprung der Familie, des Privateigentums und des Staats, in: Marx-Engels-Werke (MEW), Bd. 21, 7. Aufl. Berlin/DDR.

Feuerlein, Wilhelm (1889,1970): Alkoholismus - Missbrauch und Abhängigkeit. Entstehung, Folgen, Therapie, 4. Aufl. Stuttgart.

Freundeskreise für Suchtkrankenhilfe (2008) (Hg.): Kindern von Suchtfamilien Halt geben. Fakten, Risiken, Hilfen, Kassel.

Gross, Werner (1990): Sucht ohne Drogen. Arbeiten, Spielen, Essen, Lieben, Frankfurt/Main.

Holzkamp, Klaus (1985): Grundlegung der Psychologie, Frankfurt/M., New York.

Klein, Michael (2007): Kinder und Suchtgefahren. - Risiken, Prävention, Hilfen, Stuttgart.

Klein, Michael (2005): Kinder und Jugendliche aus alkoholkranken Familien, Regensburg.

Lambrou, Ursula (1991): Familienkrankheit Alkoholismus. Im Sog der Abhängigkeit, Reinbek.

Markard, Morus (2009): Einführung in die Kritische Psychologie, Hamburg.

Marx, Karl (1987,1894): Das Kapital, in Marx-Engels-Werke (MEW) Bd.25, 28. Aufl. Berlin/DDR.

Mayer, Reinhardt (2008): Wirklich?! Niemals Alkohol?! Problemskizzierung zur präventiven Arbeit mit Kindern und Jugendlichen aus Familien Suchtkranker, Balingen.

Mitscherlich, Alexander (1947): Vom Ursprung der Sucht. Eine Pathogenese, Stuttgart.

Poppelreuther, Stefan; Gross, Werner (2000) (Hg.): Nicht nur Drogen machen süchtig. Entstehung und Behandlung von stoffungebundenen Süchten, Weinheim.

Sanin, Daniel (2011): *Suchtprävention als (Selbst-)Disziplinierung – auf der Suche nach den Subjekten*, in: Klaus Weber (2011b), S. 155–180.

Schaef, Anne Wilson (2008,1986): Co-Abhängigkeit. Die Sucht hinter der Sucht, 17. Aufl. München.

Schaef, Anne Wilson (1997,1989, 1987): Im Zeitalter der Sucht. Wege aus der Abhängigkeit, 5. Aufl. München, Hamburg, San Francisco/USA.

Schneider, Ralf (2001): Die Suchtfibel, 13. Aufl. Hohengehren.

Vandreier, Christoph (2011): *Wer braucht Sucht? Zur Relevanz von Wulffs Thesen für eine subjektorientierte Drogenhilfe*, in Klaus Weber (2011), S. 131–154.

Weber, Klaus (2011a): *Befriedungsverbrechen an Süchtigen*, S. 181–191, in: Ders. (2011b)

Weber, Klaus (2011b) (Hg.): Sucht. Texte Kritische Psychologie 2, Hamburg.

Wegscheider-Cruse, Sharon (1984): *Co-Dependency. The Therapeutic Void*, in: Dies. (1984): Co-Dependency. An emerging issue, Pompano Beach/USA.

Woititz, Janet G. (2009, 1983): Um die Kindheit betrogen. Hoffnung und Heilung für erwachsene Kinder von Suchtkranken, 10. Aufl. München.

Wulff, Erich (1995): *Thesen zur Sucht*, in: Weber, Klaus (2011), S. 85–100.

Yablonski, Lewis (1990): Die Therapeutische Gemeinschaft. Ein erfolgreicher Weg aus der Drogenabhängigkeit, Weinheim, Basel.

Kreativität, Spiel und Theater

von Ameln, Falko; Gerstmann, Ruth; Kramer, Josef (2009,2004): Psychodrama, 2. Aufl. Heidelberg.

Boal, Augusto (2013): Übungen und Spiele für Schauspieler und Nicht-Schauspieler (Übersetzung: Till Baumann), Frankfurt/Main.

Boal, Augusto (2005,1995): Regenbogen der Wünsche, Methoden aus Theater und Therapie, Lingen, New York/USA.

Boal, Augusto (2004,1976): Theater der Unterdrückten/ Übungen und Spiele für Schauspieler und Nicht-Schauspieler (Übersetzung: Henry Thorau), Frankfurt/Main.

Boal, Julián (2011): *Anmerkungen zum Begriff „Unterdrückung"*, in: Fritz, Birgit (2011), S. 106–113.

Cameron, Julia (1996,1992): Der Weg des Künstlers. Ein spiritueller Pfad zur Aktivierung unserer Kreativität. Ein spiritueller Pfad zur Aktivierung der Kreativität, München, New York/USA.

Feldhendler, Daniel (1992): Psychodrama und Theater der Unterdrückten, 2. Aufl. Frankfurt/Main.

Freire, Paulo (1970): Pädagogik der Unterdrückten, Stuttgart.

Fritz, Birgit (2013): Von Revolution zu Autopoiese. Auf den Spuren Augusto Boals ins 21. Jahrhundert. Das Theater der Unterdrückten im Kontext von Friedensarbeit und einer Ästhetik der Wahrnehmung, Reihe: Berliner Schriften zum Theater der Unterdrückten, Bd. 6, Stuttgart.

Fritz, Birgit (2011): InExActArt. Ein Handbuch zur Praxis des Theater der Unterdrückten, Stuttgart.

Gilmore, David (2014,2007): Der Clown in uns. Humor und die Kraft des Lachens, 4. Aufl. München.

Haug, Thomas (2005): Das spielt (K)eine Rolle! Theater der Befreiung nach Augusto Boal als Empowerment-Werkzeug im Kontext von Selbsthilfe, Reihe: Berliner Schriften zum Theater der Unterdrückten, Bd. 2, Stuttgart.

Johnstone, Keith (2006,1993,1979): Improvisation und Theater, 8. Aufl. Berlin, London.

Scheller, Ingo (1998): Szenisches Spiel. Handbuch für die pädagogische Praxis, Berlin.

Staffler, Armin (2009): Augusto Boal. Einführung, Essen.

Thorau, Henry (2013): Unsichtbares Theater, Berlin.

Zumhof, Tim (2012): Pädagogik und Poetik der Befreiung. Der Zusammenhang von Paulo Freire's Befreiungspädagogik und Augusto Boals „Theater der Unterdrückten", Münster.

Dieser Beitrag ist *Dirk Bernsdorff* und *Henning Mielke* gewidmet. Sie waren Mit-Initiatoren und frühe Unterstützer der „Theaterwerkstatt MutProbe". Sie gehören beide zu NACOA Deutschland e.V.

In medias res

Birgit Fritz

1989 wurde Augusto Boal nach Amsterdam eingeladen, um anlässlich des 100. Geburtstags von Jacob Moreno während der Eröffnung der 10. Psychodrama-Konferenz eine Rede zu halten, als auch eine Demonstration seiner Methoden durchzuführen. Dies, so schreibt er in der englischen Übersetzung seines Buches „Rainbow of Desire, the boal method of theatre and therapy", war der ausschlaggebende Impuls sein zuvor genanntes Buch auszuarbeiten.

Zuvor hatte sich Boal bereits im französischen Exil in Zusammenarbeit mit seiner Frau, Cecilia Thumim, ihres Zeichens Psychoanalytikerin, intensiv mit der Theaterarbeit im therapeutischen Kontext beschäftigt, er war ein Kenner unterschiedlichster therapeutischer Modelle und Schulen und es war ihm wohl auch ein Anliegen, therapeutische Settings zu demokratisieren und sie allen Menschen zugänglich zu machen.

Die Beschäftigung mit der als äußerlich erlebten, politischen Unterdrückung ist unweigerlich mit dem Innenleben des Menschen verbunden, wie die neurobiologische Forschung[1] mittlerweile unumstritten belegt. Es ist nur natürlich, dass ein Theatermacher, der sich sein Leben lang gegen unterdrückerische Herrschaftssysteme auflehnt, in seiner Praxis an einen Punkt gelangt, wo ihn die verinnerlichte Lebenserfahrung, die Sozialisierung, der Habitus mit den schwierigen Prozessen der Veränderung konfrontiert, wenn es an zutiefst persönliche Angelegenheiten geht. In seinem letzten Buch „estetica do oprimido" legt Boal die Weichen für weitere Theaterforschung in diese Richtung: Was haben Spiel und Kreativität dem Habitus, dem verinnerlichten Unterdrücker, dem Leid, der Resignation und der Stagnation entgegenzusetzen? Wo in unserer Biologie, unserem Fleisch und Blut, befinden sich Widerstandszentren gegen Überherrschung und Ausbeutung? Im vorliegenden Artikel geht es nicht darum,

1 Hüther, Bauer, Feldhendler/Leutz, Susanna Pendzik

Begrifflichkeiten und Konzepte aus den unterschiedlichen TheaterTherapieFormen gegenüberzustellen und gegeneinander aufzuwiegen und abzugrenzen, sondern vielmehr darum, ein Gespür und eine Idee dafür zu bekommen, wo die Grenzen verlaufen, zwischen den Arten der Anwendungen, ihren Zielen und der Vereinbarung, welche TheaterakteurInnen mit ihren (PatientInnen)Gruppen treffen, wenn es an die Sache geht.

Das Private ist politisch, daran hat sich über all die Jahre nichts geändert. Das politische Theater der einen Aktionsebene steht immer auch in Wechselwirkung mit dem persönlichen Wachstum und der Heilung von Verletzungen aller Art auf der therapeutischen Ebene. Die heilende oder heilsame Arbeit wiederum stärkt gegen politische Ausbeutung, fördert Emanzipation, gibt Halt in haltlosen Zeiten, liefert unmittelbares, weil sensorisches Feedback zu Erlebtem in der Laborsituation der *Dramatischen Realität*.

Während sich die Kunst immer wieder von Boal durch künstlich herbeigeführte Kategorien abgrenzt (das Theater der Unterdrückten sei soziale Arbeit, sei Aktivismus, sei Konfliktlösungsmethode, alles und nichts, was es jedenfalls unter keinen Umständen sein darf ist KUNST mit Großbuchstaben), was mit Sicherheit, nicht nur aber auch, auf diverse ökonomische Überlegungen und Umstände zurückzuführen ist, so hat sich die Theatertherapie immer offen für viele Einflüsse gezeigt: Neben Winnicott (potential space), Turner (liminal field), Moreno (surplus reality) und Stanislavski (magic if) etc. hatte auch immer Boal (aesthetic space) seinen Platz. Sie alle brachten wertvolle Elemente in die theatertherapeutische Arbeit ein, ergänzten und inspirierten einander und später auch uns, als Theatertherapeutinnen und Praktikerinnen.

Theatertherapie und das Theater der Unterdrückten, Überschneidungen und Divergenzen

Theatertherapie ist eine der künstlerischen Therapieformen (andere sind z.B. Tanztherapie, Musiktherapie, intermediale Kunsttherapie), die sich gezielt und professionell der vielseitigen Konzepte und

Methoden des Theaters bedienen, um Menschen auf ihrem Weg therapeutisch zu begleiten. Ihre Hauptkomponenten sind das Spiel in der *Dramatischen Realität*, der Rollenwechsel, die Projektion und die Verkörperung.

Mittel der Theatertherapie sind unsere Träume, Geschichten, Gedichte, Bilder, Märchen, Mythen, Archetypen; die unterschiedlichen Zugänge zum Körper und zur Körperarbeit reichen von der Arbeit mit Objekten bis hin zu Trance induzierenden Techniken aus verschiedenen Kulturräumen.

Ihre Ziele scheinen oft deckungsgleich mit den Zielen des *Theaters der Unterdrückten*: Wir wollen verborgene Ressourcen erfahrbar werden lassen, Perspektiven eröffnen, unerwartete Problemlösungen aufdecken und im Schutz der *Dramatischen Realität* Handlungsspielräume für den Alltag, das tägliche Leben, erweitern.

Während der Methodenkatalog des *Theaters der Unterdrückten* sowohl der Theaterpädagogik als auch der Theatertherapie zugeordnet wird (vgl. einschlägige Literaturen), weist die theatertherapeutische Arbeit kontextbedingt immer wieder theaterpädagogische Elemente auf: Es lassen sich „Mischfelder" definieren.[2]

Deklariert das *Theater der Unterdrückten* die *Humanisierung der Menschheit* zum Ziel (vgl. Fritz, 2013) und präferiert die *Analoge Induktion* als obligatorische Herangehensweise (in der Szenenmodelle erarbeitet werden, welche auf andere Menschen/Gruppen übertragbare

2 Eine Möglichkeit der Definition zur besseren Abgrenzung wäre, dass sich die pädagogische Arbeit konkret erreichbaren Aufgaben und Zielen widmet, während in der therapeutischen Arbeit Ziele und Aufgaben virtualisiert werden. Die Beziehung zwischen der Pädagogin und dem lernenden Menschen ist vor allem als Realbeziehung von Bedeutung, während die Beziehung der Therapeutin und der Klientin vor allem virtuelle Bedeutung hat (vgl. J. Körner, 2010).
Bedient man sich dieser Definition, so wäre eine Mischform, wenn sich eine pädagogische Methode vornimmt, die Wirklichkeit zu virtualisieren, und wenn eine therapeutische Methode darauf bestünde, die Wirklichkeit eines gemeinsamen Zieles zu beachten (ebda.)
Derlei Abgrenzungen scheinen jedoch in erster Linie der Professionalisierung von Tätigkeiten dienlich zu sein und kümmern den Menschen, der sich in der Dramatischen Realität in seiner Präsenz erfährt, zumeist kaum.

Analogiebildungen erlauben), so geht es der Theatertherapie konkret um den einzelnen Menschen und seine Entwicklung, meist ohne eine geschichtspolitische Perspektive einzunehmen. Die Patientin/Klientin bleibt im Besitz ihrer Geschichte, findet sich bestenfalls in der Universalen Menschheitsgeschichte wieder (vgl. Jennings).

Hier lässt sich vielleicht die größte Unterschiedlichkeit fest machen: Im Theater Boals, schöpfen die Protagonistinnen Kraft aus dem Kollektiv der Mitspielerinnen und deren Solidarisierung, als auch aus der Klärung der eigenen Bedürfnisse.

In der Theatertherapie, welche sich auf die humanistische Psychologie beruft, basiert die Kraftschöpfung auf den intrinsischen Selbstheilungskräften des Menschen, der Autopoiese.

Die Wurzeln des *Theaters der Unterdrückten* (TdU) liegen vor allem in der emanzipatorischen Pädagogik Paulo Freires und in der Idee der Befreiung der Massen von äußerer sowohl als auch von innerer Fremdherrschaft; das TdU ist eine die Menschen aktivierende Kunst, sein Ziel ist es vor allem zu dynamisieren (vgl. Boal, Rainbow, 1995). Weiters ist das TdU in seiner Entstehungsgeschichte eine Methode des globalen Südens.

Die Theatertherapie hingegen entwickelte sich vorwiegend in England und den USA und findet ihre Wurzeln (vgl. Pendzik, 2010) in den Disziplinen der Anthropologie, der Psychologie, der Soziologie und der Theatertheorie. Die anthropologische Wurzel der Theatertherapie führt in die Bereiche der alten Heilkünste aus aller Welt; die, wenn man so will, *moderne* Theatertherapie bezieht sich auf experimentelle Theaterformen (Boal u.a.) und auf die Schule der humanistischen Psychologie (ebda.).

Was wirkt/que operatur

Der Theologe und Therapeut Siegfried Essen, der den Terminus *autopoietisches Theater* prägte, schreibt:

> „Das Repräsentieren ist die Lösung. Die körperlich-seelisch-geistige Repräsentation einer Rolle, erlaubt es uns, am Leben von Systemen

> teilzunehmen, kreativ und authentisch und doch nicht identifiziert. Die menschliche Identifikation schafft eine künstliche Ersatz-Verbundenheit (Buddha nannte das Anhaftung). Im Rollengewahrsein ist aber beides gleichzeitig möglich: Verbundenheit und Getrenntheit. Dabei entsteht nicht nur tiefes Wissen, sondern auch schöpferische Intuition. Wir finden und erfinden unseren Platz und unsere Funktion im Ganzen, das ist unser Wesen." (Präsenz im Spiel, Essen, 2007)[3]

Der *Rollenwechsel* ist somit das spezifischste Merkmal der Theatertherapie und der Theaterkunst an sich.

Susanna Pendzik nennt die *Dramatische Realität,* in der es zum Rollenwechsel kommt, das Kernstück der Theatertherapie und verweist auf Stanislavski, 1936, Moreno, 1972, Boal, 1995, Lahad, 2000, u.a. Die *Dramatische Realität* ist eine „Insel der Vorstellung" innerhalb des Alltagslebens. Diese „Welt innerhalb der Welt" ist zugleich real als auch virtuell und hypothetisch, sie ist sichtbar, manifestiert sich im Hier und Jetzt und wird als alternative Form der Realität verkörpert, d.h. erfahren (vgl. Pendzik, 2010).

Inhalte, die in die *Dramatische Realität* mitgenommen werden, im therapeutischen Spiel transformiert und so verändert wieder in die Alltags-Realität mitgenommen. Der Faktor Zeit spielt dabei eine wesentliche Rolle.

Auch Boal besteht in seiner Skizze des *Baums des Theaters der Unterdrückten* auf einen Transfer in die *reale* Realität:

> „Welche konkreten Aktionen habt ihr durchgeführt, die wirklich etwas verändert haben? Etwas ganz Kleines oder etwas enorm Großes. Aber wenn ihr die Realität noch nicht verändert habt, dann seid ihr im Theater geblieben. Wir müssen die Wände niederreißen und hinaus gehen. Ihr könnt das Theater verwenden, aber ihr müsst hinausgehen." (Boal Archivmaterial CTO-Rio, ohne Datumsangabe)

Der boalsche Imperativ „Ihr müsst hinausgehen" scheint in der Theatertherapie auf diese Weise explizit nicht auf, der Mensch bewegt sich

---

3 Vortrag am 6. Internationalen Kongress für Systemaufstellungen, 25. - 28.5.07 in Köln.

unvermeidlich, er wächst und löst seine Konflikte in seiner eigenen Zeit (dieser Unterschied mag vielleicht auch daran liegen, dass sich das TdU aufgrund seiner politischen Entstehungsgeschichte durch Urgenz charakterisiert), der Transfer bzw. die Integration des Erfahrenen ins Leben wird von der an die Arbeit anschließenden Reflexion unterstützt.

Die schöpferische Kraft, die im *Dramatischen Raum* bei Zusammentreffen von virtueller und realer Präsenz zum Tragen kommt, wird zudem durch die Interventionen der Therapeutin gestaltet, so dass ihre Aussagen noch deutlicher zu Tage treten und es ersichtlich wird, wie damit umgegangen werden will oder mag und welches Potenzial in der vorhandenen Situation steckt.

Die *Verkörperung* im Dramatischen Raum impliziert immer einen schöpferischen Akt: Den Vorstellungen der Imagination wird konkrete Form gegeben, schwierige Inhalte werden dadurch entzaubert, enttabuisiert (das bedeutet immer auch einen Akt der Rebellion), Inhalte werden legitimiert und neue Bedeutungen entstehen (vgl. Pendzik, Workshop Aufzeichnungen, 2017).

Als Beispiel dafür lässt sich das *Narzissmus-Modell* und seine boalsche Aufarbeitungsmöglichkeit in der Methode *des Regenbogens der Wünsche* anführen.

In der Selfie-Kultur des 21. Jahrhunderts ist die normale Entwicklung eines gesunden Selbstwertgefühls beileibe keine Selbstverständlichkeit, es wäre allerdings ein Irrglaube zu denken, dass es früher besser gewesen wäre: Erziehung, Schule, Gesellschaft, sie alle fordern und fördern den Kampf um Liebe und um Anerkennung, um Bestätigung und Akzeptanz. Eine wesentliche Aufgabe des Reifungsprozesses ist es also zu einer gesunden Selbsteinschätzung, zu einer gesunden Erwartung an sich selbst und zu einem gesunden Selbstwertgefühl zwischen den Extremen „ich bin so toll" und „ich bin für gar nichts gut" zu gelangen. Adäquate Spiegelung durch Eltern, die ihr Kind so annehmen, wie es ist, fördert diese Entwicklung, widersprüchliche Elternbotschaften (wenn du dick bist, wird dich keine küssen) schaden eher.

Wir verstecken uns hinter „Personas“, Hüllen aus konstruierter Identität, die Schutz, Halt und Status liefern, u.a., indem sie Schwächen und Zweifel jeder Art auf andere projizieren. Hinter den Fassaden sieht es jedoch oft anders aus und eine der Hauptschwierigkeiten liegt darin, sich die eigenen Wünsche einzugestehen und sie in Folge an andere direkt zu formulieren.

Skizze: Narzisstisches Persönlichkeitsmodell und Beziehungsmuster

Antagonist:	**Protagonist**:
Größenselbst/Merkmale:	Kleinheitsselbst/Merkmale:
Grandiosität	Ohnmacht, Bedürftigkeit
Perfektion	Resignation, Depression
Macht, Reichtum, Schönheit	Klammern, Selbstabwertung
Ideale, Bedürfnislosigkeit	Verlassen Werdens Angst
Pseudounabhängigkeit	

Abwehrschranken: Arroganz, Rückzug, Verachtung, Opferdasein etc.

Vermiedene Gefühle: Schmerz, Verlassenheitsangst, Schuld, Scham, Wut, Sucht, Trauer, Leere, Angst

Unausgesprochene Bedürfnisse: Liebe, Anerkennung, Halt, Verständnis, Gemeinsamkeit, Nähe, Distanz

Skizze: **Der Regenbogen der Wünsche**

Ziel: Klärung eines Konflikts zwischen zwei Personen

Protagonistin:

Improvisiert den Konflikt, lässt vor den Augen der Gruppe die Antagonistin entstehen.

- Stellt Skulpturen ihrer Wünsche, Sehnsüchte, Emotionen, Ängste etc.
- Die Gruppe schlägt weitere vor, die Protagonistin stimmt zu oder auch nicht.
- Verschiedene Phasen der Improvisation, in denen die Protagonistin ihren WILLEN gegenüber ihren WÜNSCHEN erkennt und Ausdruck gibt.
- Protagonistin tauscht Rolle mit Antagonistin.
- Marktplatz und Kampf der Wünsche untereinander.
- Erneute Improvisation des Konflikts zw. Antagonistin und Protagonistin.
- Sharing/Reflexion.

Wenn man diese beiden etwas vereinfachten Boxen betrachtet, so kann man im *Regenbogen der Wünsche* einen Vorschlag zur Dynamisierung des narzisstischen Persönlichkeits-Dilemmas erkennen, welches, wie postuliert wird, das dominante gesellschaftliche Muster unserer Zeit ist: Im Spiel erkennt der Mensch sein wahres Ich, sieht sich gespiegelt und geht in Resonanz mit dem Gesehenen. Auf diese Art und Weise werden Positionen überprüft, auf positive Weise erschüttert und wieder ins Lot gebracht.

Der *Regenbogen* ist eine Einladung an den Menschen, in den Verkörperungen seiner Wünsche ihre Legitimität zu überprüfen, die eigentlichen Bedürfnisse, die hinter ihnen stehen, zu identifizieren und die uns allen (un)bequemen Abwehrschranken und -mechanismen zu überwinden.

Boal schreibt dazu:

> „The oppressed must forget the real world which was the origin of the image[4] and play with the image itself, in its artistic embodiment. He must make an extrapolation from his social reality towards the reality which is called fiction (towards theatre, towards image) and, having played with the image, he must make a second extrapolation, now in the inverse direction, towards the social reality which is his world. He practises in the second world (the aesthetic), in order to modify in the first (the social)." (Boal, Rainbow, 1995)

Media vita in morte sumus

Verkörperte und in unsere Nervenmuster eingeschliffene Bilder[5] von uns selbst als auch von unserer Umwelt und dem Leben an und für sich prägen unser Verhalten, unsere Interaktionen und unsere Erwartungshaltung dem Leben gegenüber. Je nach biographischem Verlauf sind diese eher positiv oder eher negativ. Aus der modernen Neurobiologie wissen wir, dass diese Muster veränderbar sind, so lange der Mensch lebt. Das ist die gute Nachricht. Die schlechte ist, dass diese Prozesse zumeist sehr langsam vor sich gehen. Das Leben rings um uns verändert sich üblicherweise mit höherer Geschwindigkeit, so dass der Mensch sich mit ihm immer wieder in Konflikt kommen sieht. Das, von dem wir meinen, es zu wissen, sind oft lediglich in der Vergangenheit angelegte Erfahrungsmuster, unter denen wir dann zu leiden zu beginnen, wenn wir uns ihrer nicht gewahr werden können.

Das effizienteste Mittel, diesen Mustern, dem Habitus und den vorgefassten Meinungen entgegenzuwirken, ist wiederum die Verkörperung neuer Erfahrungen. Zu diesem Zweck bedient sich das *Theater der Unterdrückten* (auf gesellschaftlicher Ebene) und die *Theatertherapie* (auf individueller Ebene) der Arbeit in der *Dramatischen Realität*, dem *Rollenwechsel* und der unmittelbaren, körperlichen Erfahrung eines neuen, anderen Erlebens.

---

4 Das Bild, von dem Boal hier schreibt, sind in dem Fall die verkörperten Figuren der Wünsche.

5 Hüther (2011)

Im Spielraum der Dramatischen Realität kommen Einsteins überlieferte Worte zu tragen:

> "Imagination is more important than knowledge. For knowledge is limited to all we now know and understand, while imagination embraces the entire world, and all there ever will be to know and understand."

Die Vorstellungskraft, die der Tat entspringt, offenbart unbekannte, in uns angelegte Ressourcen, legitimiert durch gutes Benehmen oder andere Konventionen missachtete Emotionen, Wünsche und Sehnsüchte und lässt uns neue Lebendigkeit erfahren. Ob Pädagogik oder Therapie - der jeweilige Rahmen und die Absicht entscheiden - Autopoiese[6] geschieht.

Bibliographie

Bauer, Joachim ((2013) Das Gedächtnis des Körpers: Wie Beziehungen und Lebensstile unsere Gene steuern, Piper, Frankfurt am Main.

Boal, Augusto (1995), *The Rainbow of Desire: the boal method of theatre and therapy,* translated by adrian jackson, routledge, new york.

Boal, Augusto (2009), *A Estética do Oprimido,* Garamond, Rio de Janeiro.

Essen, Siegfried (2007) Präsenz im Spiel: Von der unerklärlichen Kraft der Repräsentation in der Aufstellungsarbeit, Theater und Kinderspiel, Vortrag am 6. Internationalen Kongress für Systemaufstellungen, 25. - 28. 5. 2007, Köln

Fritz, Birgit (2013) *Von Revolution zu Autopoiese*: Auf den Spuren Augusto Boals ins 21. Jahrhundert/Das Theater der Unterdrückten im

[6] Autopoiese ist ein Begriff aus der Biologie (Francisco Varela und Humberto Maturana) und bezeichnet die Fähigkeit eines jeden Organismus sich ohne Intervention von außen, mittels eigener Ressourcen aus sich selbst heraus neu zu erschaffen. Das Autopoietische Theater spricht die selbst-schöpferischen Kräfte eines jeden Menschen an.

Kontext von Friedensarbeit und einer Ästhetik der Wahrnehmung, ibidem: Berliner Schriften des Theaters der Unterdrückten, Berlin.

Jennings Sue (1987) Dramatherapy: Theory and Practice 1, Routledge, London.

Körner (2010) Was unterscheidet (sozial)pädagogische von psychotherapeutischen Interventionen bei devianten Jugendlichen? in: http://www2.psychotherapeutenkammer-berlin.de/uploads/prof_koerner.pdf

Marquéz, Rosa Luisa (1982), „Augusto Boal: al rescate del lenguaje y la comunicación". In: Revista/Review interamericana, Vol 12, Núm 2, Verano, S. 221 - 227.

Pendzik, Susanna (2010) The Self in Performance: Autobiographical, Self-Revelatory and Autoethnographic Forms of Therapeutic Theatre, palgrave macmillan, New York.

Storch, Cantieni, Hüther, Tschacher (2011) Embodiment: Die Wechselwirkung von Körper und Psyche verstehen und nutzen, Huber Verlag, Bern.

Der Traum vom anderen Leben. Kaleidoskop meines theaterpädagogischen Lebens

Fritz Letsch

Vor gerade 21 Jahren im Rathaus München

In einer europäischen Konferenz an der Hochschule München hatten wir im Oktober 1997 die Möglichkeiten untersucht, die Methoden des Legislativen Theater auch in europäischen Situationen anzuwenden.

Beim internationalen Treffen in Toronto hatten bei den Workshops die Farben des *Regenbogens der Wünsche* die aktuellsten Arbeitsweisen beherrscht, wobei im breiten Kontext von Indien und Japan, von europäischen und den süd- und nordamerikanischen Ländern viele Erziehungs-Kulturen in den Vergleich kamen.

Die Erarbeitung und Vorstellung beschrieb Augusto Boal in seinem Schlusskapitel als „Symbolism in Munich" im englischen Buch „legislative theatre", in meiner Übersetzung abgedruckt im „Theater im Dialog" … und irgendwo im Netz …

Gut 30 Theater-KollegInnen aus Brasilien, Finnland, Frankreich, den Niederlanden, Schweden, Österreich und Deutschland trafen sich in München, um neben Erfahrungsaustausch und -Weitergabe ihrer Arbeitsweisen mit dem Theater der Unterdrückten die neue Anwendung im Feld der Politik für ihre eigenen Länder zu entwickeln. Die Teilnehmenden der Konferenz haben mit Studierenden und Interessierten Szenen aus dem eigenen Erleben erarbeitet, um sie dem Publikum im Kleinen Sitzungssaal des Rathauses vorzustellen:

- Gewalt in einer binationalen Ehe bringt die Problematik der modernen Sklavenhaltung durch unser aktuelles Ausländerrecht zutage.
- Eine verdeckte schwul-lesbische Doppel-Hochzeit sollte die Situation einer Ausländerin und die Liebe von zwei Paaren schützen und legalisieren.

- Der Stadion-Neubau auf den begrenzten Flächen der Bürger macht Geschäfts-Interessen sichtbar - und auch Kultur-Verhältnisse überbezahlter Dirigenten?
- Kann ein garantiertes Grundeinkommen die Situation belasteter Familien verbessern?
- Wer hat wieviel Platz zum Leben und wie gestaltet es sich gemeinsam?
- Unsere unbewältigte Vergangenheit rülpst ausgerechnet zur Reichs-Pogrom-Nacht wieder in der „Hauptstadt der Bewegung"? (im Rathaus nicht vorgestellt)
- Der rassistisch überraschende Überfall in der U-Bahn.

Wir hatten in mehrtägigen Workshops, vormittags angeleitet durch die KollegInnen, nachmittags mit Augusto, fünf uns wichtige Szenen erarbeitet, die wir am 26.10. im Rathaus-Sitzungssaal dem Publikum und wenigen Stadträten vorstellten, denn der Oberbürgermeister hatte, was wir nicht wussten, an diesem Tag seinen 50. Geburtstag ... was unsere Zielgruppe dezimiert hatte.

Eine Szene in anderen Jahren am Marienplatz München: Sollen wir die Flüchtlinge aushungern? Der Bundesrat hatte die Halbierung des Sozialhilfesatzes in den Asyl-Unterkünften gefordert, Fachleute diskutieren in der Methode „Chamber in the Street" die Forderungen mit Publikum.

Der Traum vom anderen Leben

Aufgewachsen in der allmählich emanzipatorischen kirchlichen Jugendarbeit einer Kleinstadt, in der Schule herrschte noch Postfaschismus, bin ich nach Maschinenbau und Gemeindepädagogik in der Theaterwelt gelandet: Zwischen Kammerspielen (damals noch mit Therese Giese) und Schauspielschule, zwischen allerlei Workshops und neuen Theaterfestivals, die München und Berlin damals, 1981, zu bieten hatten.

Augusto Boal und seine Arbeit kennenzulernen ermutigte mich, meine kirchliche Anstellung zu kündigen und den noch nicht richtig existenten Beruf des Theaterpädagogen zu starten, der Traum, die Bewusstseinsbildung von **Paulo Freire**, die wir im Studium kennengelernt hatten, nun in der Jugendarbeit auch freiberuflich einzubringen. Evangelische Akademie und Gewerkschaften folgten, Lehrerfortbildungen und Festivals auch der Landjugend ...

Das Träumen in Gruppen zu üben lernte ich auch in der Gewaltfreien Aktion in der Friedensbewegung, in Zukunftswerkstätten nach und mit **Robert Jungk**, in Blockade-Camps und mit Gruppen aller Art, in gemeinschaftlichen Projekten und im Aufbau alternativer Bildungsarbeit, bis die geistig-moralische Wende von der Hartz-IV-Politik vollendet wurde und die Angst sich wieder ausbreitete.

Forumtheater als forschendes Feld – Theaterpädagogik als forschendes Leben

Paulo Freire hatte uns – wie Augusto Boal mit den Bildern – beigebracht, gute Fragen zu stellen: Mit Bildern und Szenen können wir gesellschaftliche Fragen bearbeiten, die andere noch nicht einmal ausdrücken können.

Katholikentag München 1984

in der Nacht der Solidarität, Olympiahalle mit 10.000 Besuchern, 10-12 Minuten Zeit für ein Thema, die Gruppe Homosexuelle und Kirche als Auftrag-Gebende und Spielende.

In der Einführung zur Szene bitte ich alle, die am Eingang einen roten Dreiecks-Stempel auf den Handrücken bekommen hatten, zu winken, dann auch aufzustehen und zu winken. Es wird sichtbar: Jede 20. Person war markiert worden, genau so viele leben unerkannt als Lesben und Schwule, und noch viel mehr hätten bisexuelle Erfahrungen.

Der folgende Forum-ähnliche Szenen-Ablauf konnte in der kurzen Zeit nur als Modell-Szene und mit einer angedeuteten Lösungsmöglichkeit gespielt werden: „Hans kommt raus“ brachte Situationen der Angst vor Diskriminierung in Betrieb, Familie und Kirche auf die Bühne des Stadions.

Flüchtlingsarbeit auf der kroatischen Insel Privic 1994

mit bosnischen Frauen und Jugendlichen und jungen KollegInnen und 1995 mit ein paar Zivildienstleistenden in urlaubs-ähnlicher Situation, während oben drüber in der Nacht die Bomber nach Sarajewo brummen: Zwischen Angst und Hoffnung, privaten Träumen und Trauma der politischen Zerstörung der bunten Familienstrukturen im damaligen Jugoslawien.

Arbeiterkammer Linz 2004

Workshop mit Augusto Boal zum Legislativen Theater, in Mitarbeit seines Sohnes Julian.

Fritz Letsch, Theaterpädagoge.

So stelle ich mich jetzt oft vor, wenn ich in Schulklassen oder mit Geflüchteten in die **Sexualpädagogik** einsteige, und erkläre ihnen noch knapp, was ich da in vielen Jahren machte:

Szenen und Stücke entwickeln, Leute auf die Bühne bringen, den Ausdruck verbessern, die Regie führen und am Schluss auch noch das Gespräch mit dem Publikum organisieren und abschließen.

Dann kommen ein paar Jahrzehnte Fortbildungen und Arbeit in der Psychotherapie, in politischen Kampagnen und geschichtlichen Projekten, in Aus- und Fortbildungen der Altenpflege, im Teambuilding für Mitarbeitende und in der gemeinnützigen und genossenschaftlichen Unternehmens-Entwicklung.

Themen wie Unrecht in der Psychiatrie, die selbstgerechte Juristerei, der Rückschritt der Beteiligungsmethoden in der Erwachsenenbildung wie in den Schulen durch Medien, die ansteigende Angst vor Theater ...

Sexualpädagogik ist nicht umsonst immer noch eines der heißesten Tabus unserer Gesellschaft, und in den Fortbildungen eine kritische Sache: das wachsende Kinderwunsch-Geschäft und die abnehmende Fruchtbarkeit durch Gesundheits- und Umweltbelastungen ...

... und die weitgehende Unfähigkeit der Eltern, angemessen mit ihren Söhnen zu reden, bei den Töchtern scheint die Notwendigkeit noch größer.

Forumtheater
war schon einmal ein gefragter Artikel in der innovativen Bildungsarbeit, zwischen Fortbildungen der Jugendarbeit, Evangelischen Akademien, in der politischen Bildung, sogar geprüft und anerkannt durch die Bundeszentrale für politische Bildung, Fortbildungen für Lehrer, Pfarrer, mit GemeindepädagogInnen und „Krankenhauspersonal" in der Friedensarbeit im Ost-Untergrund und im ASA-Programm der Carl-Duisberg-Gesellschaft zur Vorbereitung von Auslands-Studien-Aufenthalten.

In der Supervision von besonders kreativen Teams

wie psychologischen Beratenden, sozialen Kontaktstellen, fachlichen PädagogEn ... wenn es um intensive Zusammenarbeit, aber auch um die eigenen Arbeitsbedingungen und das politische Umfeld geht: Wie vertreten wir uns und die Themen unserer Klientels nach draußen?

Neben Zukunftswerkstätten in der Tradition von Robert Jungk

können die Methoden der Theaterarbeit manche Themen anschaulich machen, wenn die Gruppe mit den Methoden schnell vertraut gemacht worden ist. Da reichen oft schon kleine Erlebnis-Bilder und Szenen der zukünftigen Auseinandersetzung.

Die Anfänge in den achtziger Jahren: Friedensbewegungen

In den Trainingskollektiven für Gewaltfreie Aktion, in neuen Projekten der politischen Bildung in Ost und West war die Verbreitung groß, waren Kurzfassungen in den Handbüchern zwar oft zu mager, aber viele fanden dabei den Einstieg in andere Kommunikationsformen.

Gleichzeitig gab es die neuen Theaterfestivals

in München, Berlin und weiteren Städten: Damals hatten wir noch Zwei-Wochen-Workshops mit Augusto Boal, nach Einstiegs-Wochenenden, und in Beteiligung aller Theater-Berufe und -Sparten. Sofortige Aktionen und ihre Nachbesprechung begleiteten zum Beispiel den Reagan-Besuch in Berlin.

Bewusstseinsbildung würde heute Kritische Theorie heißen

Der Europäische Arbeitskreis Bewusstseinsbildung wurde zur Paulo-Freire-Gesellschaft, die Zeitschrift für befreiende Pädagogik brachte die Ideen und Praxis der gemeinsamen Lern-Strategien für ein weltbewusstes Leben, arbeitete zur Lern-Autonomie, im Gegensatz zum Stoff-Plan der Schulen.

Die Arbeit am Tabu – meine Faustregel entstand aus der Praxis

Der Daumen steht bei den Handlinien für das Ich, in meiner Faustregel für die Sexualität. Keine Lernorte, keine angenehme Sprache, aber gezielte Vermarktung und massive Personenzerstörung durch Anreizung, Moral und Schuldgefühle sind die deutlichsten Anzeichen.

Der Zeigefinger wird für das Du benutzt, in meiner Faustregel für das Thema Geld, das unsere Beziehungen bestimmt. Von den Sprüchen „Geld verdirbt die Freundschaft“ und „Über Geld spricht man nicht, Geld hat man“ bis zur Frage nach Reichtums- und Klassenunterschieden und das geistige Verbot des Wortes 'Kapitalismus' ist es von Geheimniskrämerei umgeben und könnte unsere Beziehungen sehr gut offenlegen.

Der Mittelfinger ist dem Thema Religion oder auch dem Sinn des Lebens zugeordnet. Entweder das Fertigpack einer Konfession, oder die Do-it-yourself-Version von Atheismus und Freidenkern; Taufe, Initiation, Hochzeitsritus und Begräbnis inbegriffen oder nicht ... ein offenes Gespräch jenseits der Vokabeln der Pfarrer ist kaum möglich.

Der Ringfinger ist den längerfristigen Beziehungen zugeordnet, in meiner Arbeit den Themen Krankheit, Tod, Abschied, also den Störungen dabei. Vor allem die Trauer, die Zulässigkeit tiefer Gefühle und ihr gesellschaftlicher Ausdruck sind so behindert, dass Beerdigungen und Abschiede sehr oft in peinlichen Formalismen stecken bleiben.

Der kleine Finger übernimmt die restlichen Themen von abweichendem Verhalten: Anders sein. Lesbisch oder schwul, behindert oder farbig, andersgläubig oder für eine Gesellschaft unpassend, alle Außenseiter wie auch Berühmtheiten inbegriffen. Die Angst vor dem Fremden bleibt sprachlos und aggressiv, wird in Witzen und Unterstellungen oberflächlich abgehandelt.

Gemeinsame Eigenschaften aller Tabus

Es fehlt die Sprache, sie wirklich treffend anzupacken, gleichzeitig liegt eine Geschwätzigkeit der Ablenkung darüber. **Paulo Freire** verwendet die Begriffe **'Mythos' und 'Kultur des Schweigens'**: Wir haben immer gute Gründe, nicht darüber zu reden. Wenn wir es trotzdem wollen, geht es nicht: Wir kommen vom Thema ab, werden unruhig, müssen rauchen ... Wenn wir plötzlich müde werden, gähnen, Kopfschmerzen bekommen – und auf einmal gar nicht mehr wissen, was wir gerade wollten: dann haben sie gut gearbeitet, unsere Polizisten im Kopf.

Es ist gut, viel über sie zu wissen, aber es ist so unsinnig wie bewaffneter Kampf gegen Panzerwagen, wie Militär gegen Terrorismus, mit Gewalt gegen sie los ziehen zu wollen. Weil sie von unserer eigenen Angst genährt sind, können wir sie nur sanft und nach ihren eigenen Prinzipien, mit **gewaltfreier Methodik und Intelligenz** überlisten.

Theater zur Erzeugung eines denkenden Feldes

Die Kunst der Theaterpädagogik, des Theaters und der Bühne sind verschiedenartig beschrieben worden, je nach Herkünften und Sichtweisen, ich will hier die pädagogische und soziale Kommunikation in den Vordergrund stellen:

Ein Theaterworkshop beginnt damit, eine Teilnehmenden-Gruppe in eine arbeitsfähige Kommunikation zu bringen: Zeit und Raum verlässlich definieren, Übungen als Selbst-Erforschung von Körper und Ausdruck und gelegentlich als gegenseitige Verantwortung.

Dann beginnen Denk-Reihen und Lern-Abläufe, die ich inzwischen sehr minimalistisch gestaltet habe:

- Körperübungen in der Reihenfolge der Glieder und Gelenke von unten her,
- szenische Bilder-Aufbauten in fünf Schritten zu Statuen und Dialog-Figuren,
- gesellschaftliche Tabus als Faustregel der theaterpädagogischen Anleitung,
- das Spiel „Hilf, Schwester, hilf" als zentrales Opfer-Täter-Wechsel-Modell,
- generative Themen als persönlicher Ansatz für Veränderungs-Wünsche.

In einer offenen, nicht geregelten Gruppe wie an der Hochschule oder einer fest vereinbarten Seminar- oder Theatergruppe wäre so eine knappe und kurze Fassung selten möglich, weil Diskussionen zum Sinn oder Vorgehen die Köpfe beherrschen würden.

Die Kunst der Erzeugung einer konzentriert arbeitenden Gruppe ist nicht dasselbe die einer konzentrierten Zuhörerschaft: Sie braucht längere Phasen, um eine belastbare vertraute Stimmung zu sichern, was bei einem Publikum auch mit einigen gemeinsamen Übungen zu schaffen ist.

Die gemeinsame Bilder-Sprache wird angewandt und variiert, braucht gelegentlich auch einen Test ihrer Grenzen, Rückfragen.

Im **Theater der Unterdrückten** tauchen schon immer die extremsten Belastungen von Teilnehmenden auf, die sie nun einer Gruppe vorstellen wollen. Dann ist das Thema reif, die Selbst-Heilung in Gang. Keine Angst, aber hohe **Aufmerksamkeit gegenüber Re-Traumatisierung.**

Das ist die Erfahrung, dass unachtsamer Umgang mit Verletzungen zu neuen Wunden führt, und zum Gefühl, unheilbar verwundet zu sein, wenn alle anderen ständig Angst davor haben. Eine schwierige Erfahrung unbegleiteter Selbsthilfe-Internet-Foren und Betroffenen-Seiten, die dann ständig von Thrill und Triggern gebeutelt sind.

Dann kommt die Arbeit an den Bedenken: **Arbeit in Szenen mit traumatisierten Personen?**

Der dreifache Schritt in die Lösung einer Problematik von einer Person

1. Eine Person erstellt eine Szene, die für sie belastenden Druck darstellt. (Sozial-Arbeitende fürchten das Trauma!)

2. Die szenische Gruppe übernimmt das Thema, fühlt sich ein und stellt es der Person und den KollegInnen vor.

3. Die Person erlebt die Einfühlung und die Änderungs-Versuche der Gruppen-Mitwirkenden und der Joker.

Die Nachgespräche in der Gruppe müssen sorgsam nachfragen, was sich bewegt, verändert hat, wie die Bewältigung wirkt.

Vor einer Präsentation vor einem Publikum sind die nächsten Stufen zu klären:

1. Soll die Szene anonymisiert, verallgemeinert, verfremdet werden, um sie freier zur Verfügung zu stellen?
2. Will die vorstellende Person beteiligt sein und in welcher Rolle?
3. Wie werden die Interventionen des Publikums verarbeitet, soll die Anonymität gewahrt werden?

Nach der Aufführung: Bleibt die Gruppe als schützendes, begleitendes Feld oder verschwindet sie im Alltag?

Internationale Konferenzen und Fortbildungen entwickelten unsere Methoden

1994 war Paulo Freire in München, er forderte uns auf, unser schlechtes Gewissen zu lassen:

Ein altes Hindernis für die De-Kolonialisierung unseres Denkens, das mit der „natürlichen" Ausnützung der Macht- und Handelsgefälle lebt.

Arbeit mit Geflüchteten auf Privic in der kroatischen Adria: ein Inseldorf begegnet bisher „feindlichen" bosnischen Jugendlichen und Frauen in der Unterkunft, erstmals in der Dorfkneipe.

1995: Fortbildung und Konferenz mit Augusto Boal in Gauting und München, und später mein Workshop im Museum der Revolution auf Cuba mit der Partnergruppe Elisabeth.

1996: Zweite geplante Reise von Paulo Freire durch Deutschland, doch die geplante Begegnung mit Jürgen Habermas musste aus gesundheitlichen Gründen abgesagt werden.

1997: Internationale Treffen mit Augusto Boal in Toronto (Ripple Effect, mit KollegInnen aus aller Welt, herausragend Indien und Japan) mit etlichen Workshops und Aufführung des „Regenbogen der Wünsche" und im Herbst kollegiale Workshops und Fortbildung mit Augusto Boal in München, Besuch beim Kulturreferenten.

1999: mit Augusto Boal in München Europäische Konferenz zum Legislativen Theater: Symbolism in Munich und die praktische Umsetzung von fünf sehr treffenden Themen im Rathaus.

2000: Curingas, die Mitarbeitenden von Augusto Boal in Rio, auf der Reise durch die Forum-Szene in Deutschland mit Forum-Kopftuch-Szenen im Bayrischen Landtag, Tübingen, Lingen, Berlin, Bielefeld ...

2004 in Linz: Wieder einmal Arbeiterkammer Linz ... wie schon mal mit Augusto ca. 1995.

Hochschulen, Angewandte Sozialwissenschaft München und Regensburg, Berlin, Halle, Ottersberg, Kunstakademie ...

Volkstheater-Elemente, Bauerntheater, Geschichtsarbeit, Altenpflege, Seniorentheater: Zwei Modelle, Die Räuber von Menzing

Gestalt-Psychotherapie: Forumtheater und Gestalt behandelt ein Beitrag im Buch von Helmut Wiegand: Theater im Dialog: Heiter, aufmüpfig und demokratisch

Demokratie? Räte-Gedanken ...

In der Geschichtsarbeit zur Räterepublik 1918 in München sind meine wichtigsten Fragen, wie die damaligen Anarchisten, Pazifisten, Sozialisten und späteren Kommunisten jeweils die demokratische Organisation dachten, denn sie kannten nur die damals 100 Jahre alte Verfassung des ständischen Landtags von Königs Gnaden und den entsprechenden Reichstag. Darin bildeten - genau wie heute - die Parteien die Interessen der Stände ab, der Adel ist den Banken und der Auto-Industrie gewichen.

Bewusstseinsbildung statt Stoff-Vermittlung

con-sience steckt auch in dem Wort, das Paulo Freire als Grundlegung seines Arbeits-Weltbildes vom Lernen benutzte:

Conscientization

„The process of developing a critical awareness of one's social reality through reflection and action. Action is fundamental because it is the process of changing the reality. Paulo Freire says that we all acquire social myths which have a dominant tendency, and so learning is a critical process which depends upon uncovering real problems and actual needs."

www.freire.org/paulo-freire/concepts-used-by-paulo-freire

Kritisches Bewusstsein kommt nicht vom Nachbeten

Aktion und Reflexion können wir in der Theaterarbeit schnell kombinieren, und ich habe mehrfach die Mythen unserer Gesellschaft (ich verwende lieber das Wort Tabu, weil Mythen als Märchen hierzulande so positiv besetzt sind) in Gruppen erforscht:

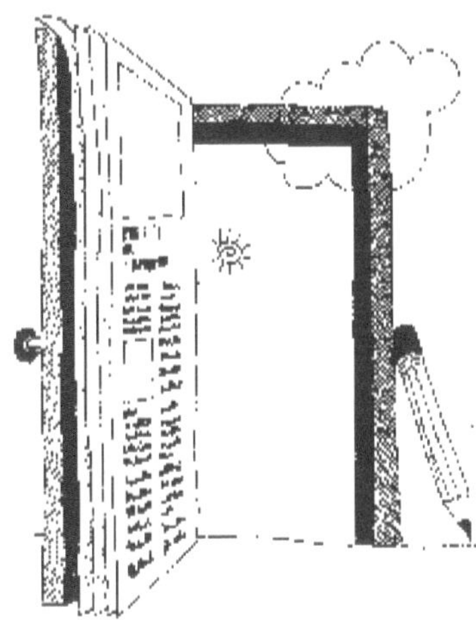

Demokratie durch Parteien ist auch ein Mythos

Die Sehnsucht nach wirklicher gemeinschaftlicher Selbstbestimmung

Selbstorganisation kennt jede Familie, aber sobald wir - vor allem aus unserer postfaschistischen Familienstruktur - entflohen sind, wollen wir die Freiheit genießen und wiederholen doch oft die Bindungs- und Macht-Muster unserer Eltern.

Legislatives Theater schreibt neue Gesetze

wie wir sie selbst möchten, und das kann ganz schön spannend werden.

Zukünftige Gesetze und Räte gemeinsam erspielen

Die alten Arbeiterräte, die Soldatenräte aus den Kasernen, die Bauernräte waren oft die gleichen, die im Dorf schon das Sagen hatten ...

Das **Forumtheater** als zentrale Methode im Theater der Unterdrückten von **Augusto Boal** bezieht sich auf die Pädagogik der Unterdrückten von **Paulo Freire**, weitergeführt zur Pädagogik der Befreiung und zur Pädagogik der Hoffnung und der Autonomie.

Aus dem Forumtheater wurde im gemeinschaftlichen Forschen und Lernen auch das Bilder- und das **Zeitungstheater** entwickelt, das **Unsichtbare Theater** entstand unter den Situationen der Diktatur und Unterdrückung, das **Legislative Theater** in den Situationen der Befreiung und der parlamentarischen Macht-Kontrolle.

Mit einer **Ästhetik der Unterdrückten** schloss Augusto Boal kurz vor dem 2. Mai 2009 sein Lebenswerk ab, auf den Tag 12 Jahre nach Paulo Freire, dessen Gedächtnis wir 1997 in Toronto beim internationalen **Festival des Theater der Unterdrückten** begangen hatten.

Forschendes Feld und Forumtheater in den Wissenschaften

Alphabetisierung, wie sie Paulo Freire später für den Weltkirchenrat in den französisch-sprachigen Ländern Afrikas verbreitete, entstand als Grund-Idee in einer konkreten Situation in Brasilien: Eine gemäßigte Regierung zwischen den Militär-Diktaturen hatte in den 60er Jahren vor Wahlen angekündigt, dass nur Leute, die Lesen und Schreiben können, auch zur Stimmen-Abgabe zugelassen werden.

Im Nu hatten die Studierenden mit Paulo Freire einen Plan: Wenn sie in den nächsten Semester-Ferien in ihre Heimatdörfer zurückkehren, führen sie alle dort einen schnellen Grundkurs für alle Bewohnenden ihres Dorfes durch:

Lesen und schreiben der wichtigsten Wörter, der **generativen Themen der Menschen**, ist innerhalb von ein paar Tagen möglich: Die portugiesisch-brasilianische Sprache baut auf wenigen wiederkehrenden und variierten Silben auf, die Schlüsselthemen der MitbürgerInnen zwischen Arbeit, Wasserversorgung und aktuellen Sorgen waren schnell in Worten gesammelt und ausgetauscht, für die Wahlen erschlossen.

Lernen im Dialog

Die Worte bringen uns dann - wie im Theater bei Augusto Boal die Szenen - in konstruktive Auseinandersetzungen: Bestätigungen und Vertiefungen, neue Fragen und Widersprüche der Interessen.

Das Bankiers-System in der Schule

glaubt immer noch an eine weiterzugebende Wissensfülle, wie sie in unseren Schulbüchern steht, statt irgendwann wirklich zu akzeptieren, dass das eigene Forschen, Lernen und Auseinandersetzen auch bei Kindern tatsächlich Fähigkeiten entwickelt und sichert.

Wie ein Bankier macht die Lehrkraft eine Einlage in das Gehirn der Schüler und erwartet in der Abfrage eine korrekte Wiedergabe, keine kreative Veränderung oder konstruktive Verarbeitung.

Das Bulimie-Lernen ist auch an den Hochschulen durchgesetzt worden, durch die „Bologna-Reform" in ECS-Zertifikate verwandelt, in Multiple Choice wie die Führerscheinprüfung auf „Richtigkeit" reduziert.

Nürnberger Trichter war der alte Begriff, den die neuen selbstorganisierten Lerngruppen des **Wandervogel** schon zu Beginn des letzten Jahrhunderts in ihrer europäischen Bewegung als alten Denkfehler der Lehrer und Schulen entlarvten und mit einer Bewegung zu neuen Medien und eigenen selbstorganisierten Arbeits-Lagern entwickelten (ja, erst die Nazis pervertierten den neuen Ansatz!).

Adolf Reichwein entwickelte die Zeitleiste und den Schul-Film, er kam aus dem Wandervogel und beschäftigte sich mit den Formen der Reformpädagogik, am Ende sollte er in einer Regierung nach Hitler zum Kultusminister werden, was ihm den Tod durch Hinrichtung 1944 brachte.

Deutschland war in jenen Zeiten führend in der Reformpädagogik gewesen, und vor allem jüdische Seminar-Schulen hatten neue Formen des eigenständigen Lernens entwickelt, bevor sie zu fliehen hatten: Die meisten hatten frühzeitig die Bedrohung erkannt, in anderen Ländern ihr Überleben gesichert.

Was war in deinem langen Berufsleben im TdU für dich dein persönliches Highlight?

Im Franz Hitze Haus Münster mit Alwin und Arnold als Teilnehmende – TDU? Warum wird da so viel gelacht?

Tagung der evangelischen Akademie Tutzing mit Radio-Interview in Badehose am See, war damals ein wichtiger Schritt vorwärts, und schon die Vorbereitung eine Qualifizierung, ein Interview im Bayrischen Rundfunk und Berichte, der Flyer.

Ein Workshop in Marburg mit Helmut Wiegand, bei dem wir ein schönes Theater als Aufführungsort mit einem enorm interessierten Publikum fanden.

Internationale Treffen, Joker-Tour und einzelne Aufführungen darin 1997.

Was würdest Du jungen Menschen, die im Jahre 2017 mit dem Theater der Unterdrückten anfangen, mitgeben auf ihrem Weg ?

Was ich ständig versuche, aber auch immer wieder schief geht: Bewusstseinsbildung als Lerngrundlage

Was stört dich an der TdU-Szene in Deutschland, was wäre dein Wunsch/ deine Vision?

Mein altes Angebot war viel zu früh: Ein Joker-Netz aufbauen, gemeinsame Internet-Projekte, und nach der bundesweiten Tour der Curingas – nachzulesen auf ...

gilt aber immer noch, wenn Kundige mit einsteigen:

Joker-netz nun als wordpress-Plattform für

- externe Ankündigungen
- interne Kommunikation

Literatur

Theater macht Politik, Werkstattbuch Gauting 1999 und Simone O-dierna und Fritz Letsch, Gauting 2006

Augusto Boal: Der Regenbogen der Wünsche, Methoden aus Theater und Therapie, hg Jürgen Weintz, Seelze 1999

Augusto Boal: legislative theatre, using performance to make politics, London 1998

Theater im Dialog: heiter aufmüpfig und demokratisch, Deutsche und europäische Anwendungen des Theaters der Unterdrückten, Hg, Dr. Helmut Wiegand, Stuttgart 2004

Autor*innenangabe, Lieblingsspiele und Übungen

Sophia-Marie Bömer ist Mag.[a] Internationale Entwicklung und Geschäftsführerin des Bundesförderprogramms „Zirkus gestaltet Vielfalt". Außerdem ist sie selbstständig als Clownin, Zirkuspädagogin (BAG) und Kinderbuchautorin tätig. Sie lebt in ihrem roten Zirkuswagen in Wien an der Donau und am Stadtrand von Hannover. Ihre Arbeitsschwerpunkte sind interkulturelle Zirkuspädagogik sowie die Verzahnung von Politik und Theater. Mit ihren Shows und Workshops ist Sophia weltweit unterwegs (u.a. Europa, USA und Afrika

info@dasZirkusmaedchen.com

www.dasZirkusmaedchen.com

1. Ball der Verwirrung

Alle Teilnehmer*innen stehen im Kreis. Der*die Spielleiter*in beginnt und wirft einen roten Ball zu einer*m Teilnehmer*in und sagt dessen*deren Namen: TOM

Tom wirft dann zu Claudia und Claudia zu Jonas usw.

Alle Teilnehmer*innen müssen sich merken, an wen sie den Ball werfen und von wem sie ihn bekommen haben. Jede Person soll nur einmal den Ball zugeworfen bekommen und wenn die Reihe durch ist, geht der Ball wieder zur Spielleiter*in.

Die gleiche Abfolge wird direkt nochmal ausprobiert, wenn es klappt, etwas schneller.

Als nächstes nimmt der*die Spielleiter*in einen grünen Ball - die Runde soll rückwärts geworfen werden - also den Ball zu dem werfen, von dem man ihn in der Runde zuvor bekommen hat. Auch hier wird nochmals der Name dazu gesagt.

Nächster Schritt: roter und grüner Ball gleichzeitig.

Wenn es dann noch geht, kommt noch ein blauer Ball mit einer ganz neuen Reihenfolge hinzu.

Ziel ist es, dass alle Bälle gleichzeitig im Spiel sind. Wenn das Spiel gut läuft, können natürlich weitere Bälle oder Objekte ins Spiel aufgenommen werden.

Variationen:

- Ball/Jonglierkeule im Kreis herumgeben.
- Einen Ball ohne feste Reihenfolge haben … schauen, welche Person frei ist, wo ich den Ball hinwerfen kann (wichtig: vorher Augenkontakt, nicht einfach werfen).
- Ein Objekt wird nicht geworfen, sondern immer in der Mitte übergeben.

Material: 3-5 Bälle/Objekte (unterschiedlich in Farbe und Größe)

Art des Spiels: Kennenlernen

2. Wo ist …?

Alle Spieler*innen bewegen sich durch den Raum. Die Aufgabe ist es, den Raum und die Mitmenschen wahrzunehmen. Auf ein Kommando des*der Spielleiter*in bleiben alle Spieler*innen stehen und schließen die Augen. Der*die Spielleiter*in fragt: Wo ist Tina?/Wo ist das Notausgangschild?/Wo ist die Musikanlage? etc. Die Spieler*innen sollen dann in die Richtung zeigen. Auf ein Kommando öffnen alle die Augen und schauen, ob sie richtig lagen.

Art des Spiels: Wahrnehmung schärfen, Verbindung zueinander aufbauen

3. Wo ist das Huhn?

Ein*e Teilnehmer*in - der*die Hühnerbaron*in - ist an einem Ende des Raumes. Das Gummihuhn liegt hinter ihm*ihr auf dem Boden. Alle anderen Teilnehmer*innen sind am anderen Ende des Raumes. Sie wollen das Gummihuhn haben.

Der*Die Hühnerbaron*in dreht sich von dem Huhn und den Teilnehmer*innen weg und ruft lauft: „WO IST DAS HUHN?" In dieser Zeit dürfen alle Teilnehmer*innen auf das Huhn und der*die Hühnerbaron*in zu rennen. Wenn der*die Hühnerbaron*in ihren Satz beendet hat, dreht er*sie sich wieder um. Alle Teilnehmer*in müssen sofort im Freeze stehen bleiben. Wer noch läuft oder sich bewegt, wird von der*dem Hühnerbaron*in zurückgeschickt und darf von hinten wieder neu los starten.

In mehreren Runden kommen die Teilnehmer*innen der*dem Hühnerbaron*in immer näher. Die Aufgabe der Teilnehmer*innen ist es, das Huhn zu klauen und zur ihrer Startlinie (oder Ende des Raumes) zu bringen, ohne dass der*die Hühnerbaron*in weiß, wer das Huhn hat. Sobald das Huhn weg ist, bewegen sich alle rückwärts. Der*die Hühnerbaron*in hat insgesamt drei Versuche, maximal einen pro Runde, um zu erraten, wer das Huhn hat.

Wichtig: Sobald das Huhn hochgenommen wurde, darf es von Teilnehmer*in zu Teilnehmer*in weitergegeben werden. Aber nur von

Hand zu Hand. Es darf nicht geworfen werden. Und **Achtung**: Wer zu fest drückt: Das Huhn kann quietschen und so die Position verraten. Hühnergegacker garantiert :) **Material:** Gummihuhn, das quietschen kann (Hundespielzeug)

Art des Spiels: Teamwork, Bewegung

4. Klangwald

Die Gruppe wird in 2er-Teams aufgeteilt. Jedes Team einigt sich auf ein Geräusch. Eine Person aus der Gruppe schließt die Augen. Die andere Person führt durch den Raum, indem sie das ausgemachte Geräusch macht. Die Person mit geschlossenen Augen muss immer dem Geräusch folgen. Verstummt das Geräusch, bleibt die Person stehen. Nach einiger Zeit: Rollentausch.

Wenn beide Personen aus dem Team dran gekommen sind, geht es folgendermaßen weiter:

Alle Personen verteilen sich im Raum, besonders die Mitglieder eines Teams sollen weit voneinander entfernt stehen. Alle Teilnehmer*innen schließen die Augen. Die Spielleitung kann jetzt nochmal ein paar Personen auf andere Positionen begleiten, wenn nötig. Auf ein Kommando machen jetzt alle Personen ihr Geräusch (das ausgemachte Geräusch des Teams). Ziel ist es, dass die Teams sich durch ihr Geräusch wiederfinden.

Variation:
Alle Teilnehmer*innen stehen im Kreis. Jede Person soll sich nun ein Geräusch überlegen. Wichtig ist, dass die Geräusche unterschiedlich sind. Jede*r Spieler*in soll nun die Geräusche beider Nachbar*innen kennenlernen. Als nächstes wuseln alle Teilnehmer*innen durcheinander und lösen so die Kreisstruktur auf. Auf ein Kommando schließen die Teilnehmer*innen die Augen und beginnen, ihr Geräusch zu machen. Ziel ist es nun, die Nachbar*innen wiederzufinden, um den Kreis wiederherzustellen.

Art des Spiels: Vertrauen, Gruppendynamik

5. „Es wird wärmer"

Es wird wärmer, die Pole schmelzen, der Lebensraum für Menschen und Tiere wird kleiner …

Spielaufbau und Grundidee: „Reise nach Jerusalem" *(Titel des Spiels in „ ", da ich nicht weiß, ob er wirklich politisch korrekt ist)*

Wie bei „Reise nach Jerusalem" tanzen alle zur Musik um die Stühle, ein oder mehrere Stühle wird/werden aus dem Spiel genommen. Wenn die Musik stoppt, setzten sich alle hin: **ABER** bei dieser Variante scheidet niemand aus. Teamwork ist gefragt! Zu zweit auf einen Stuhl sitzen, aufstehen, festhalten … es gibt viele Möglichkeiten mit vielen Leuten auf wenigen Stühlen Platz zu finden. Achtung: Füße müssen vom Boden weg sein, sonst werden sie nass.

Je nach dem, wie groß die Gruppe ist, werden pro Runde 1-4 Stühle weggenommen. Der*die Spielleiter*in muss im Laufe des Spieles abschätzen, auf wie vielen Stühlen die Gruppe Platz findet, damit das Spiel mit einem Erfolg für die Gruppe endet.

Zum Abschluss des Spiels kann die Spielleitung die Teilnehmer*innen darauf hinweisen: Wenn wir zusammenhalten und solidarisch sind, dann können wir gemeinsam auf diesem Planeten auch weiterhin gut leben.

Material: Stühle (so viele wie Teilnehmer*innen), Musikanlage, Musikvorschlag: Tim Bendzko: „Nur Noch Kurz Die Welt Retten"

Art des Spiels: Aktion/Bewegung, Teamwork

Sanjay Kumar ist Medienwissenschaftler und praktiziert seit fünfzehn Jahren Theater der Unterdrückten. Er arbeitet mit verschiedenen Projekten daran, einen öffentlichen Diskurs über gesellschaftlich relevante Themen anzustoßen. Er beschäftigt sich u.a. mit der Lebensrealität von Kleinbauern, der Zukunft der Nahrungsmittelversorgung und einer solidarischen Lebensweise. Er hat das Bielefelder *No Stress Team* mitgegründet, das seit 2016 verschiedene Aktionen organisiert, um die Einwohner zusammenzubringen und den Stress geflüchteter Menschen abzubauen. Seit 2015 leitet er die Theatergruppe des Arbeitskreis Asyl in Bielefeld.

Kontakt:

theatergruppe@ak-asyl.info

1. Ja/Nein-Kreis

Alle stellen sich im Kreis auf. Wenn es eine ungerade Zahl von Personen ist, geht die anleitende Person raus. Zunächst findet jede*r die Person, die genau gegenüber im Kreis steht, und die beiden (jeweils A und B) signalisieren einander mit einem Blick, dass sie sich gefunden haben. Die Übung machen alle Zweiergruppen gleichzeitig, nachdem die anleitende Person am Anfang jeder Runde erklärt, wie es geht.

In der ersten Runde sagt A „Ja" und B antwortet „Ja". Wenn A „Nein" sagt, antwortet B auch „Nein". (Wenn A „Ja, Ja, Ja" sagt, wird das von B entsprechend mit „Ja, Ja, Ja" beantwortet.)

In der zweiten Runde sagt B „Ja" und A antwortet mit „Nein". Wenn B „Nein" sagt, antwortet A mit „Ja". („Nein, Nein" wird mit „Ja, Ja" beantwortet usw.)

In der dritten Runde sagt A „Ja" mit einem deutlichen Kopfnicken und B antwortet ebenfalls mit „Ja" mit einem deutlichen Kopfnicken. Wenn A „Nein" mit einem deutlichen Kopfschütteln sagt, antwortet B auch mit „Nein" und einem deutlichen Kopfschütteln. (Auch mehrmals oder mit besonderer Betonung wie „Jaaha" und „Jaaha".)

In der vierten Runde sagt B „Ja" mit einem deutlichen Kopfnicken und A antwortet mit „Nein" und einem deutlichen Kopfschütteln. Wenn B „Nein" sagt und den Kopf schüttelt, antwortet A „Ja" und nickt. (auch mehrmals)

In der fünften Runde sagt A „Ja" mit einem deutlichen Kopfschütteln und B antwortet ebenfalls mit „Ja" und einem deutlichen Kopfschütteln. Wenn A „Nein" mit einem deutlichen Kopfnicken sagt, antwortet B ebenfalls mit „Nein" und einem deutlichen Kopfnicken. (auch mehrmals)

In der sechsten Runde sagt B „Ja" mit einem deutlichen Kopfschütteln und A antwortet „Nein" mit einem deutlichen Kopfnicken. Wenn B „Nein" mit deutlichem Kopfnicken sagt, antwortet A mit „Ja" und einem deutlichen Kopfschütteln. (auch mehrmals)

Ziel der Übung ist die De-Automatisierung. Wir kriegen vor Augen geführt, wie selbstverständlich wir das Kopfnicken mit „Ja“ und das Kopfschütteln mit „Nein“ verknüpfen und wie schwierig es ist, dieses festgefahrene Muster zu durchbrechen. Die anleitende Person kann dazu am Ende anmerken, dass wir viele Dinge auf eine ganz ähnliche Weise wie selbstverständlich miteinander verknüpft haben, obwohl das nicht selbstverständlich sein muss. So wie in dieser Übung das Ja-Nein Muster durchbrochen wurde, können wir auch andere Muster durchbrechen, wenn wir wollen.

2. Stopp-Tanz mit unterschiedlichen Bewegungen

Der Raum wird in vier unterschiedliche Bereiche geteilt, indem die anleitende Person in die Mitte des Raums geht und einmal die Trennlinien mit den Armen andeutet.

Jeder Bereich hat einen Bewegungsstil: Wenn sich die Leute im ersten Bereich aufhalten, bewegen sie sich in Slow Motion. Im zweiten Bereich springen sie. Im dritten bewegen sich die Leute wie Roboter. Im vierten Bereich bewegen sie sich ganz normal.

Dazu läuft Musik, und alle können sich frei bewegen, müssen sich nur an die jeweiligen Bewegungsstile der Bereiche halten. Zwischendurch stoppt die Musik mehrmals. Wenn die Musik stoppt, frieren alle ein.

Diese Übung ist für eine De-Automatisierung und ein bewusstes Empfinden von Bewegungen gedacht.

3. Die Maschine

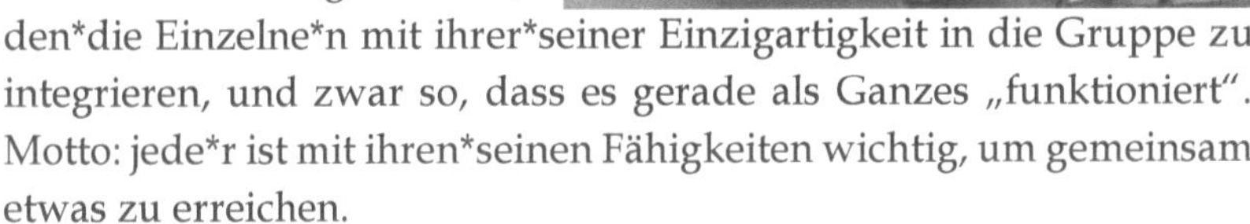

Eine Person betritt mit einem erdachten Geräusch und einer Bewegung die Bühne. Eine andere Person dockt mit ihrer Bewegung und Geräusch an die Bewegung der ersten an, und zwar so, dass es eine körperliche Verbindung gibt, sei sie auch noch so klein. Dies passiert so lang, bis alle Mitglieder mit ihren Bewegungen und Geräuschen in die Maschine eingebunden sind.

Diese Maschine kann vollkommen sinnfrei und absurd sein.

Ziel der Übung ist es, den*die Einzelne*n mit ihrer*seiner Einzigartigkeit in die Gruppe zu integrieren, und zwar so, dass es gerade als Ganzes „funktioniert". Motto: jede*r ist mit ihren*seinen Fähigkeiten wichtig, um gemeinsam etwas zu erreichen.

Die Übung ist einfach und praktisch für jede*n machbar. Gerade für Menschen aus unterschiedlichen Herkunftsländern ist sie toll geeignet, da sie nur aus Bewegung und Geräuschen besteht.

Varianten gibt es viele. Eine könnte sein, mit unterschiedlichen Geschwindigkeiten zu arbeiten und die Maschine durch Beschleunigung zur Explosion zu bringen, oder sie durch Verlangsamung zum Stillstand zu führen.

4. Bildhauer

Alle machen eine nachdenkliche Statue mit dem Rücken zum Kreis.

Dann sagt die anleitende Person ein Stichwort zu einem Problem und die Leute sollen sich dazu eine Statue ausdenken. Wenn sie eine Statue gefunden haben, drehen sie sich zum Kreis und zeigen sie den anderen.

Ohne miteinander zu reden, schauen sich alle einander an und gruppieren ihre Statuen in Bildfamilien.

Danach wird zunächst eine der Bildfamilien genauer betrachtet und alle anderen merken sich ihre Statue und können sich erstmal wieder entspannen. Die Statuen bleiben still, während die anderen von der anleitenden Person gefragt werden: „Wie könnten wir dieses Bild nennen?" „Wenn die Statuen sprechen könnten, was würden sie sagen?" „Gibt es noch andere Personen in diesem Bild?" (Die Zuschauenden können das Bild auch ergänzen, wenn sie wollen.) Dann können die Statuen sagen, ob das Gesagte zutrifft, oder was sie sich dabei gedacht haben.

Im nächsten Schritt werden alle gefragt, ob sie sich ein Gegenbild oder Idealbild dazu vorstellen können und es werden Vorschläge gesammelt. Die Leute der Bildfamilie können die Vorschläge annehmen oder ablehnen.

Dann geht es zurück zum ursprünglichen Bild und die Diskussion wird eröffnet: Wie können wir das Bild transformieren? → Die Zuschauenden betätigen sich als Bildhauer, um ihre Beiträge zum Ausdruck zu bringen.

Der gleiche Vorgang wird mit den anderen Bildgruppen wiederholt.

Als Variante kann die Übung ohne Gruppierung in Bildfamilien mit einzelnen Statuen gemacht werden.

Friderike Wilckens-von Hein (geb. 1966) nährt und belebt ihre Theaterprojekte mit dem Feuer und der Lust an Lebendigkeit und Veränderung. Initiatorin und künstlerische Leitung des Forumtheaters inszene e.V., diverse Forumtheater-Produktionen zu gesellschaftlichen Themen, Forumtheaterprojekte mit Großen und mit Kleinen, Mitarbeiterschulungen, Dozentin am TPZ-Köln und Off-Theater Neuss, Auszeichnungen und Preise für Projekte mit dem Forumtheater inszene: Hidden Movers Award 2013 - Deloitte-Stiftung, Brücken bauen - Phineo gAG 2011, „Aktiv für Demokratie und Toleranz 2007" - Bündnis für Demokratie und Toleranz

1. Two eyes

Wir stehen im Kreis. Ich gucke eine Person an. Sobald diese gemerkt hat, dass ich sie angucke, bewege ich mich auf ihren Platz zu. Währenddessen nimmt die Person Blickkontakt mit einer neuen Person auf und bewegt sich auf deren Platz zu. Währenddessen nimmt wiederum diese Person Blickkontakt mit einer weiteren Person auf .... Das Ganze geht auch im Sitzen und man krabbelt aneinander vorbei. So passiert ganz nebenbei schon etwas Körperkontakt.

Diese Übung eignet sich hervorragend, um Stille und Konzentration herbeizuführen.

2. Gefühlsbriefe

Material: ca. vier verschiedenfarbige Briefumschläge, auf denen jeweils ein Gefühl geschrieben steht.

Wir stehen im Kreis. Ich erzähle, dass die Briefe ansteckend sind: Solange man den Brief bei sich hat, hat man ein bestimmtes Gefühl, das mit dem Brief vermittelt wird. Man muss den Brief annehmen, wenn er einem gegeben wird. Man kann ihn so lange behalten, wie man will, muss ihn aber irgendwann weitergeben. Es darf spontan auch gesprochen werden, es können Geräusche gemacht werden. Jeder drückt das Gefühl auf seine Weise aus.

Ich gebe einer Person im Kreis zunächst einen Brief, wobei ich schon das Gefühl vermittele. Das Gefühl kursiert eine Weile. Es darf ruhig mehrmals bei einer Person landen.

Dann gebe ich das nächste Gefühl in den Kreis und behalte den ersten Briefumschlag bei mir. So werden die Gefühle zunächst einzeln bespielt. Wenn wir alle Gefühle im Kreis hatten, gebe ich sukzessive alle Briefe in den Kreis, so dass parallel vier Gefühle unterwegs sind und jeder einzelne schneller zwischen den Gefühlen wechseln muss. Gefühlsgymnastik!

Dieses Spiel habe ich selbst erfunden. Bisher hat jede Gruppe es gut aufgenommen.

3. Flow

Wir beginnen mit der Übung: Tu das Gegenteil:

Gehen im Raum. Mit einem klaren Signal bleiben alle mitten in der Bewegung erstarrt stehen: „Stopp!“ Folgt das Signal erneut, setzten sich alle wieder in Bewegung: „Geh“. Sukzessive füge ich nun weitere Befehle hinzu, die jeweils mit dem Signal ankündige.

„Kopf“ und „Knie“: Bei „Kopf“ fassen sich die Schüler mit beiden Händen an den Kopf, bei „Knie“ mit beiden Händen an die Knie.

„Rückwärts“ und „Vorwärts“: Rückwärts bzw. vorwärts gehen.

„leise“ und „laut“: Bei „leise“ flüstern alle leise ihren Namen, bei „laut“ schreien alle einmal laut auf.

Sind alle Befehle etabliert, sollen die Schüler jeweils das Gegenteil von dem machen, was sie befehlen: Bei „Stopp“ müssen sie gehen, bei „geh“ stehen bleiben, bei „Kopf“ fassen sie sich an die Knie, bei „rückwärts“ laufen sie vorwärts usw.

Variation

Es bleibt bei den Befehlen „Geh“ und „Stopp“. Bei „Stopp“ sollen die Spieler nacheinander drei andere Spieler an die Schulter tippen und dazu drei verschiedene Farben nennen. Alle Schüler tun dies gleichzeitig und möglichst schnell, ohne dabei nachzudenken. Bei „Geh“ laufen alle wieder durch den Raum. Dies wiederholen wir dies in paar mal. Dann berühren die Spieler bei „Stopp“ drei verschiedene Spieler berühren und nennen dabei drei verschiedene Berufe. Dies wird wiederum mehrmals wiederholt. Dann geht es weiter mit „Geh“.

„Stopp“: Immer zwei Spieler stellen sich voreinander und sagen sich abwechselnd gegenseitig, was der andere gut kann. Zum Beispiel: „Du kannst gut rechnen“ Antwort: „Du kannst dich gut schminken“, „Du kannst gut zuhören“…

Dabei dürfen keine Pausen entstehen. Wenn einem Spieler nichts einfällt, was der andere wirklich gut kann, darf er sich etwas ausdenken, was er *vielleicht* gut kann.

Es geht weiter: „Geh“: Durch den Raum laufen. „Stopp“: Einen neuen Partner suchen und von Neuem beginnen: „Du kannst gut …“

Dies wird mehrmals wiederholt, so dass jeder mindestens drei verschiedene Partner hatte.

Ziel: Kreativität und Spontaneität wecken, in den Fluss kommen, Kontakt zu unbewussten Ressourcen erschließen, Wachstum einladen, Hemmungen abbauen, Konfrontation aushalten (Blickkontakt), Raum für „Positives“ öffnen.

Wir wenden diese Übung im Rahmen der Berufsvorbereitung an. Sicher kann man sie an einigen Stellen abwandeln und so auch in anderen Kontexten nutzen.

Dr. Özge Tomruk: Studium der Theater-, Film- und Medienwissenschaft & Genderforschung und Kommunikationswissenschaft an der Universität Wien, 2002. Promotion im Fachbereich Theaterwissenschaft an der Universität Wien, 2008. Zertifizierte Action-Theater™-Lehrerin, 2011. Weiterbildungen in Stimmarbeit, Somatik, Improvisation, Theater der Unterdrückten, Theaterpädagogik, Jugendarbeit. Lehrbeauftragte und Dozentin für Theater, Improvisation und Ästhetische/kulturelle Bildung.

www.impro-tomruk.de

1. Gehen/Rennen/Freeze[1]

Geht alle durch den Raum. Etwas schneller. Noch etwas beschleunigen. Große, offene Schritte. Atmen. Folge manchmal jemandem. Gehe den gleichen Weg und so, wie die Person geht. Ändere häufig die Richtung. Vermeide, im Kreis zu gehen. Halte das Tempo. Offene Schritte. Bleibe auf deine Atmung fokussiert. Beobachte kontinuierlich deinen Atem. Nimm wahr, wo die anderen sind und in welche Richtungen sie gehen. Sieh dich selbst im Verhältnis zu allen anderen im Raum. Halte das Tempo. Von Zeit zu Zeit: beginne zu rennen. Schnelles Rennen. Entweder gehst du schnell oder du rennst schnell. Folge manchmal jemandem.

Und jetzt gehe Ab und An ins Freeze - die gesamte Bewegung erstarrt plötzlich. Der ganze Körper - deine Hände, dein Gesicht, sogar deine Augen - bewegungslos, still. Halte Dein Energielevel in dieser Unbewegtheit. Folge ab und an jemandem. Wenn diese Person ins Freeze geht, gehe ebenfalls ins Freeze. Lass das Gehen ganz weg, so dass du entweder schnell rennst oder vollkommen unbeweglich bist, still. Wenn du das nächste Mal ins Freeze gehst, dann in sehr dramatischer oder sogar melodramatischer Körperhaltung und mit entsprechendem Ausdruck. Plane nicht voraus. Springe spontan in unbekanntes Territorium. Tue so, als wärst du leidenschaftlich, verrückt, willkürlich emotional. Sei wie ein Dämon. Folge manchmal jemandem. Wenn die Person ins Freeze geht, gehe ebenfalls ins Freeze. Renne, wenn sie rennt. Gehe manchmal ins Freeze als Reaktion auf Form, Zustand und Freeze einer anderen Person im Raum. Bewege Dich in ihr Bild hinein.

Rennt zur gleichen Zeit, geht zur gleichen Zeit ins Freeze. Ihr befindet euch in der gleichen Szene. Nochmal. Und nochmal. Seid in der gleichen Szene. Achtet darauf, verschiedene Rollen zu spielen. Nochmal, eine neue Szene. Finsterer. Seid ungezähmt/gefährlich/wild.

Die Teilnehmer*innen betrachten Alltagstätigkeiten: einfache Formen von Gehen, Rennen, Stillstand. Aber sie agieren im Kontext einer

1 Zaporah, Ruth: Action Theater, The Improvisation of Presence, Berkeley: North Atlantic Books, 1995, S. 3. Vielen herzlichen Dank an Claudia Bartholomeyczik für die Übersetzung.

Gruppe, sie erweitern dabei ihre Wahrnehmung von Zeit und Raum. Sie beobachten sich gegenseitig mit dem Fokus auf Form, Gefühle/Emotionen und Zielgerichtetheit. Sie betreten den „Ensemble-Raum".

2. Bank: Kopf, Arme, Beine[2]

Eine Bank steht auf der Bühne/im Aktionsraum. Drei Personen sitzen auf der Bank mit Blick auf Zuschauende. Ihr könnt nur drei verschiedene Aktionen ausführen: einen Arm heben, den Kopf nach rechts oder links drehen oder die Beine übereinanderschlagen. Das ist alles. Benutzt diese drei Aktionen als Material und interagiert miteinander.

Sprache ist ausgeschlossen. Die Teilnehmer*innen haben fast nichts mehr zur Verfügung. So scheint es. Lediglich drei einfache und alltägliche Aktionen, um eine Welt voller Gedanken, Gefühle, Wunschvorstellungen, Handlungen und Reaktionen darzustellen. Eine Welt mit drei Menschen auf einer Bank.

Die Einzelheiten machen es aus. Die geringste Bewegung erzählt eine ganze Geschichte. Ein Kopf dreht sich mit einer spezifischen Musikalität und Spannung. Eine Augenbraue wird hochgezogen. Ein Gesichtsausdruck verändert sich, verändert sich erneut, und wir sehen die Geschichte dahinter.

Die Studierenden entdecken, wie wenig man braucht. Wenn die Handlungsmöglichkeiten reduziert werden, geraten Subtilitäten in den Fokus. Das leichte Drehen einer Hand kann auf eine Katastrophe hinweisen.

---

2 Zaporah, Ruth: Action Theater, The Improvisation of Presence, Berkeley: North Atlantic Books, 1995, S. 68. Vielen herzlichen Dank an Claudia Bartholomeyczik für die Übersetzung.

3. Inside – Outside

aus der somatischen Praxis mit Satu Palokangas (mehr zu ihrer Arbeit: http://satupalokangas.com/somatic-movement-education/)

Zwei Personen bilden ein Duo. A legt ihre Hand auf den Unterarm von B. Insgesamt viermal wird dieser Vorgang wiederholt, gleich lange Intervalle. Zwischen zwei Modi werden auch Pausen eingelegt, damit die Person B die Wirkung nachspüren kann.

Die vier Modi sind wie folgt:

1. Das Innere behalten (Let inside inside)
2. Das Äußere heraushalten (Let outside outside)
3. Das Äußere hineinlassen (Let outside inside)
4. Das Innere herauslassen (Let inside outside)

Anschließend können die Teilnehmer*innen ihre Erfahrungen austauschen oder alleine aufschreiben und somit reflektieren.

Diese spezielle Übung stammt aus Peggy Hackney / Laban Movement Analysis, die Satu Palokangas im Laufe der Jahre überarbeitet hat. Der Kontext, in dem ich sie 2012 bei ihr gelernt habe, war speziell in Bezug auf Improvisation und Performance.

In meiner Unterrichtspraxis habe ich diese Übung weiter kultiviert und vom Kontext abhängig setze ich sie als eine grundlegende somatische und politische Reflexion unserer Gewohnheiten und Handlungen ein.

4. Erzählung im Takt[3] (Walk + Talk)

Wir gehen durch den Raum, finden als Gruppe einen gemeinsamen Takt. Kreise vermeiden, Richtungswechsel, lebendige Augen, beim Vorbeigehen anderen in die Augen schauen. Einer fängt an, einen Text zu produzieren. Nicht etwas Bekanntes aufsagen. Auf jeden Schritt kommt eine Silbe. Es sind Worte, kein Kauderwelsch oder Geräusch,

3 Zaporah, Ruth: Action Theater, The Improvisation of Presence, Berkeley: North Atlantic Books, 1995, S. 93.

es muss keinen Sinn ergeben, Grammatik ist nicht wichtig, Worte können wiederholt werden. Nach einer Weile berührt die sprechende Person jemanden anderen an der Schulter, übergibt somit den Text und geht auf die Seite. Jeder hat die Möglichkeit, den Text weiterzuführen, zu wiederholen oder einen neuen anzufangen. Dieser Prozess geht weiter, bis die letzte Person der Gruppe den Text zu Ende bringt.

Der gesprochene Text kann aufgenommen und/oder aufgeschrieben werden.

Jens Clausen, MA Theaterwissenschaft, Freiberuflicher Theatermacher, Improcoach, Theater- und Improtheaterlehrer, Trainer und Dozent, Regisseur, gemeinsam mit Harald Hahn künstlerischer Leiter des Legislativen Theater Berlin.

www. jens-clausen.de

Vier Klatsch-Spiele

I.

Stehen im Kreis. Einfaches Weitergeben eines Klatschimpulses von Person zu Person in der Kreisreihenfolge, z.B. links herum. (Augenkontakt)

Zwei unterschiedliche Richtungen (links und gleichzeitig rechts), so dass die Impulse sich irgendwo im Kreis kreuzen.

II.

Stehen im Kreis. Weitergeben eines Klatschimpulses von Person zu Person.

Nach links mit dem Wort „BIG“, nach rechts mit dem Wort „MAC“, durch den Kreis mit „BIGMAC“.

III.

Stehen im Kreis. Weitergeben eines Klatschimpulses von Person zu Person.

Zu einer anderen, neuen Person, egal wo im Kreis mit „ZAP“, wenn es eine Rückgabe ist mit ZOOOM“. Mit den Worten „MAKE A FAKE LIANA“ leitet man eine indirekte Rückgabe ein: Zwar richtet sich der Klatschimpuls an eine andere, neue Person irgendwo im Kreis, eigentlich ist aber die Person gemeint, die einem den Klatschimpuls gegeben hatte (also eine Rückgabe).

IV.

Doppelklatsch.

Stehen im Kreis. Weitergeben eines Klatschimpulses von Person zu Person in der Kreisreihenfolge links oder rechts herum. Dabei Klatschen beide Parteien (Sender und Empfänger) gleichzeitig in ihre Hände. Auf Gleichzeitigkeit achten. Nachdem man einen Impuls empfangen hat, dreht man sich zum Nächsten in Kreisrichtung um und wird zum Sender. Gleichzeitiges Klatschen Senden und Empfangen. Dieses Prinzip des Senden und Empfangens gleichzeitig kann man auch zum Richtungswechsel nutzen. Nochmaliges gleichzeitiges Klatschen bedeutet einen Richtungswechsel. Aber Achtung: Die Initiative hat immer nur der Sender.

Beispiel:

Person A bekommt den Klatschimpuls

Person A : SENDER – Klatsch – EMPFÄNGER : Person B

Person A : EMPFÄNGER – Klatsch – SENDER : Person B

Person A : SENDER – Klatsch – EMPFÄNGER : Person B

Person A : EMPFÄNGER – Klatsch – SENDER : Person B

Person A dreht sich und gibt ihn weiter.

Also keine Hände in den Hosentaschen, sondern immer bereit, falls der Partner die Klatschrichtung ändern will.

Sehr hilfreich ist der Hinweis, einen gemeinsamen Rhythmus zu halten, das vereinfacht auch das gleichzeitige Klatschen.

Stephan B. Antczack

Theaterpädagoge BuT

Staatlich exam. Kunstpädagoge und Historiker (Didaktik)

Staatlich exam. Krankenpfleger

(z.Zt. sozialpsychiatrische Zusatzausbildung der DGSP)

Praktiker / Theater der Unterdrückten

antczack@gmail.com

1. „Ich bin der Papst"

Ein schönes Spiel, um kreative Blockaden von Teilnehmer*innen zu lösen und um das Erzählen von Geschichten zu fördern, ist der „Papst". Es handelt sich um ein Assoziationsspiel aus dem Kontext der Improvisation. Kennengelernt habe ich es beim Kreuzberger Kieztheater durch Jens Clausen und Harald Hahn. Im ästhetischen Raum werden drei Stühle nebeneinander positioniert. Gegenüber sitzen die TN und konstituieren ein Publikum. Ein TN setzt sich am Anfang des Spiels auf den mittleren Stuhl und fragt: „Ich bin der Papst. Wer passt zu mir?" Manchmal empfiehlt es sich, dass die/der SL exemplarisch beginnt. Die zuschauenden TN werden aufgefordert, zu assoziieren, wer oder was zum Papst passt. Sobald die zwei TN eine Idee haben, setzen sie sich neben den Papst. Der Papst fragt: „Ich bin der Papst. Wer bist du?" Die jeweiligen TN antworten mit ihrer Idee (z.B. „Ich bin ein Kondom" oder „Ich bin die Befreiungstheologie"). Der Papst sucht sein ein/e Partner/in aus (z.B. die „Befreiungstheologie") und geht mit dieser/m ab. Die/der zweite TN bleibt sitzen, rückt in die Mitte und fragt (z.B.): „Ich bin ein Kondom. Wer oder was passt zu mir?" Usw., usf. Das Spiel ist bei Kindern und Erwachsenen gleichermaßen beliebt.

2. „Aufstehmännchen", „Torkelflasche"

(vgl. Boal: SÜSNS, S.130; vgl. Boal: TDU/SÜSNS, S. 179)

In der ersten Übersetzung der „Übungen und Spiele für Schauspieler und Nicht-Schauspieler" von Augusto Boal von Henry Thorau aus den 70ern heißt das Spiel „Torkelflasche", in der stark erweiterten Fassung von 2013 in der Übersetzung von Till Baumann heißt sie „Aufstehmännchen". Es ist ein Vertrauensspiel aus dem Kreis der allgemeinen Übungen, das verschiedene Sinne anspricht. Es beginnt damit, dass ein/e TN auf seinem Platz mit beiden Füßen fest auf dem Boden steht. Sie/er schließt die Augen und beginnt sehr sanft, mit den Füßen den Kontakt zum Boden haltend, vorsichtig und vertikal, den Körper um die eigene Achse zu schaukeln. Dabei sollen die TN kerzengerade stehen und leichte Neigungen erreichen, wie der „schiefe

Turm von Pisa". Im zweiten Schritt werden Kleingruppen gebildet, z.B. mit 3 TN. Jeweils eine Person stellt sich vor bzw. hinter die mittlere Person. Sie halten die Augen offen und nehmen mit den Händen Kontakt zu den Schultern der mittleren Person auf. Ihre Aufgabe ist es, das Torkeln der mittleren Person abzusichern und aufzufangen. Die mittlere Person schließt die Augen und lässt sich sanft nach vorn und hinten fallen. Die Übung lässt sich auch mit größeren Gruppen durchführen. Sie bilden einen Außenkreis von fünf oder mehr Personen, die Schulter an Schulter stehen. Eine TN stellt sich in die Mitte und schließt die Augen. Die TN des Außenkreises halten mit den Händen Kontakt zur mittleren TN und lassen diese in alle Richtungen kreiseln. Der Sinn des Spiels besteht in der Stärkung des Vertrauens und der Sensibilisierung der Wahrnehmung. Das Spiel stärkt den Genuss und lockert die Ängste. Kinder mögen den Adrenalinkick, bei schnellen und starken Neigungen. Wenn die Person in der Mitte grinst oder lacht, ist das ein Signal der Spannung, d.h. der Person fehlt die Gelassenheit. Ein Zeichen, das Spiel sanfter anzugehen.

3. Der Klang der sieben Türen

(vgl. Boal: SÜSNS, S. 204)

Ein Spiel, das erst richtig Spaß macht, wenn mindestens 15 Personen teilnehmen. Sind es weniger TN, geht es mit weniger Türen. Jeweils zwei Personen stehen sich gegenüber. Sie halten die Hände nach vorn über den Kopf, die Handflächen berühren jeweils die Handflächen des Gegenübers. Diese Pärchen sind die „Türen". Jede Tür denkt sich drei Geräusche aus: ein Lockruf", ein „Warnsignal" und einen „Jubel". Jede Tür hat andere Geräusche. Alle anderen TN schließen die Augen. Sie folgen blind den „Lockrufen" der „Türen". Jede/r TN darf nur einmal durch eine Tür schreiten. Ist sie/er durch die Tür durch, ertönt der „Jubel". Läuft ein/e TN ein zweites Mal auf die Tür zu, gibt diese ein Signalgeräusch von sich. Die Warnung erfolgt ebenfalls, wenn TN Gefahr laufen, sich zu stoßen oder gegen etwas zu laufen. Ein Spiel zur Aktivierung vieler Sinne. Es sollte mindestens einmal getauscht werden, damit auch die blinden TN mal „Tür" und die „Türen" mal blind waren.

4. „Das solidarische Bett“

Die Übung wird in Kliniken für psychosomatische Therapien häufig „Wiegen“ genannt. Sie erinnert des Weiteren an südafrikanische Beerdigungen des „African National Congress (ANC)“. Eine Person legt sich auf den Boden (und schließt die Augen). Mindestens sechs TN gruppieren sich kniend um die Person in der Mitte. Ein/e TN ergreift den Kopf, ein/e TN nimmt die Füße. Jeweils ein/e TN rechts und links fasst mit einer Hand unter den Rücken und unter die obere Taille. Sinnvoll ist es, wenn sie/er mit den Händen ineinander greifen bzw. sich oberhalb der Handgelenke fassen. Jeweils ein/e TN rechts und links fassen unter die Taille und unter die Oberschenkel. Ihre Hände greifen ineinander bzw. fassen sich oberhalb der Handgelenke. Sie stehen mit der Person in der Mitte auf und „wiegen“ diese auf Hüfthöhe. Nach einiger Zeit heben sie den Körper der Person in der Mitte auf Schulterhöhe und wiegen ihn dort. Jetzt können sie diesen Körper durch den Raum bewegen. Nach einiger Zeit senken sie die Person in der Mitte wieder auf ein gemeinsames Zeichen. Liegt die Person wieder am Boden, legen alle Träger*innen die Hände auf den Körper und verabschieden sich. Jetzt kann getauscht werden. Es zeigt sich in dieser Übung oft, dass selbst schwergewichtigste Personen durch ein Kollektiv spielend leicht davon getragen werden können. Das Spiel fördert das Vertrauen und die Genussfähigkeit.

5. Das „Leinwandbild“ (LW)

(vgl. Boal: RdW, S. 167)

Das Spiel gehört zu den introspektiven Techniken des „Regenbogens der Wünsche“. Das Buch vom „Regenbogen der Wünsche“ ist eine Spielsammlung von Übungen, die versteckten Formen der Unterdrückung untersuchen, oft mit „psychodramatischen“ Verfahren. Das „LW“ eignet sich am besten für die Beziehung zwischen zwei Menschen und deren Konflikte. Beziehungen zwischen Personen nutzen häufig (ungewollt) Projektionen, Zuschreibungen, die nur selten das wiedergeben, was die/der eine von der/dem anderen hält. Erstens funktioniert das LW wie ein Filter. Nachrichten und Botschaften kommen nur zweitverzögert an. Zweitens bildet das LW einen „Wandschirm“, eine physische Barriere, die Geräusche nur bedingt und weiterleitet. Drittens formiert es ein Schutzschild: Wenn meine Spielepartnerin ein Bild auf mich projiziert, das nicht mit mir identisch ist, kann es mir trotzdem gefallen. Fünf Personen sind die Mindestteilnehmer*innenzahl, um das „LW“ produktiv zu machen.

Zuerst wird der Beziehungskonflikt zwischen zwei Personen offen improvisiert. Es gibt eine Protagonist*in (P), die hier ihren Konflikt erzählt, und die Gegenprotagonist*in (Antagonistin/A). Mit Hilfe der Zuschauspieler*innen stellen die beiden P und A jeweils ein Bild mit einer Körperhaltung, die sie am jeweils anderen beunruhigt oder belastet. Dann tauschen die beiden Leinwandbilder die Plätze. A rückt in derselben Haltung an die Stelle von P und P an die Stelle von A. Haben sich die beiden davor angesehen, schauen sie nun jeweils zu ihrer Schöpfer*in, die Leinwandbilder sitzen also mit dem Rücken zueinander. Ihnen ist die Sicht aufeinander verwehrt. In der dritten Phase reden Protagonistin und Antagonistin jeweils über ihre LW mit dem gegenüber. „Bitte sag ihr/ihm, dass …“. Die Übertragung erfolgt dem dargestellten Bild gemäß. Hat die projizierte LW einen ärgerlichen Grundzug, wird die Botschaft ärgerlich weitergegeben. In der vierten Phase agieren die LW autonom miteinander. Die ursprünglichen Akteure werden zu Zuschauer*innen. Dabei können und sollen die LW ihr volle Kreativität und Phantasie einsetzen. In der fünften Phase kehren die Ursprungsakteure auf die Spielfläche zurück. Nach einer kurzen improvisierten Phase verlassen die LW auf Signal der SL das Spiel. Die Akteure stehen sich erneut direkt gegenüber. Die Veränderungen werden diskutiert. In der sechsten Phase rotieren Akteure und Leinwandbilder. Das rotierende Bild:

1. Durchgang: P geht an Stelle von A, LWP geht an die Stelle von P.
2. Durchgang: A geht an die Stelle von LWA, LWA geht an die Stelle von LWP.
3. Durchgang: LWP geht an die Stelle von A, LWA an die Stelle von P.

4. Durchgang: P geht an die Stelle von LWA, A an die Stelle von LWP.
5. Durchgang: LWA geht an die Stelle von A, A an die Stelle von P.
6. Durchgang: P geht an die Stelle von LWP, LWP an die Stelle von LWA.

Zum Schluss erfolgt eine Re-Improvisation zwischen den Ursprungs-Akteuren.

Die Übung klingt am Anfang ein bisschen kompliziert, aber wenn ihr euch Zeit nehmt und langsam vorgeht, klappt das gut. Ich habe mir die Arbeitsschritte auf Karteikarten notiert. Ich kann Euch nur Mut machen. Die Ergebnisse sind beeindruckend.

Dr. Birgit Fritz, 1966, Theatertherapeutin und -pädagogin, Feldenkrais-Lehrerin, arbeitet als Gastdozentin, als Lehrerin an einer Schule und in freier Praxis. Gründerin des Vereins „Theater der Unterdrückten Wien", Übersetzerin der Autobiographie Augusto Boals „Hamlet und der Sohn des Bäckers" ins Deutsche (Mandelbaum Verlag, 2013), Autorin in der **Berliner Schriften des Theaters der Unterdrückten**: InExActArt, Von Revolution zu Autopoiese.

Kontaktadresse: www.birgitfritz.net, birgit.fritz@univie.ac.at

1 2 3 - Bradford - bis drei zählen - Paarübung

Such dir einen Partner oder eine Partnerin für das nächste grundlegende Spiel aus unserer Beziehungskiste.

Zählt miteinander bis drei, Person A sagt: „Eins", Person B sagt: „Zwei", Person A sagt: „Drei" dann beginnt von vorn. Wenn das gut klappt, dann machen wir es ein bisschen schwerer: Wir ersetzen die Nummer Eins durch eine Bewegung **und** ein Geräusch, welches mit der Stimme produziert werden soll, z.B. mit den Händen wackeln und „Tschabum" sagen.

Diese Bewegung und das Geräusch treten dann an die Stelle von „Eins", der Rest bleibt gleich (wieder abwechselnd A und B: Tschabum plus Bewegung, „Zwei, Drei"), d.h. beide SpielpartnerInnen machen die gleiche Bewegung und das gleiche Geräusch anstelle der Nummer Eins. Wenn das einigermaßen funktioniert, dann ersetzt man auch die Nummer Zwei durch eine zweite Bewegung und ein zweites Geräusch und später auch die Nummer Drei, bis alle ersetzt sind.

Wir haben eine neue Ausdrucksform gefunden!

Variation beziehungsweise Erweiterung

Das Ergebnis, also die drei unterschiedlichen Bewegungen und Geräusche, dann so leise wie möglich, also ohne Ton, ausführen. Und als nächsten Schritt dann auch mit geschlossenen Augen.

Anschließend zeigen wir uns unsere jeweiligen „Choreographien" gegenseitig; die eine Hälfte des Raums zeigt sie der anderen und umgekehrt.

Information

Wir alle besitzen Kreativität, Stimme und Bewegung. Wir können trotz des Verlassens unserer „normalen" Interaktionsmuster miteinander eine Aufgabe bewältigen. Sehen und gesehen werden! Und wir können sowohl laut als auch leise sein und auch „intuitiv" hören. Und wenn wir „Fehler" machen, ist das auch in Ordnung. Gemeinsam haben wir auch unser „normales" Verhalten verlassen und einen neuen Erfahrungsraum betreten. Es wird - mit Sicherheit - gelacht!

Capoeira - Paarübung

Capoeira ist eine in Brasilien während der Zeiten der Sklaverei entwickelte Kampfsportart, die lange Zeit als Tanz getarnt wurde. Die Beherrschung des Gleichgewichts und Schnelligkeit, aber auch das gemeinsame Spiel stehen im Vordergrund.

Dies ist eine eher langsamere und dadurch auch herausfordernde Übung.

Such dir eineN PartnerIn, die/der ungefähr gleich groß ist wie du. Steht euch gegenüber, so dass sich eure abgewinkelten Unterarme berühren können. Die Regel ist, dass eure Unterarme nie den Kontakt verlieren dürfen und dass ihr keine körperliche Gewalt anwenden dürft. Ziel des Spiels ist es nun, mit den Fingern sanft das Gesicht der/des anderen zu berühren, aber sich nicht berühren zu lassen.

Dazu braucht ihr viel Bewegung in der Wirbelsäule, denn Davonlaufen ist keine Option!

Macht dies mindestens drei Minuten lang und danach noch jeweils für eine Minute mit einer oder zwei anderen Personen. JedeR entwickelt ihre/seine eigene Strategie, spürt und vergleicht die Unterschiede! Eure Muskeln sollt ihr so wenig wie möglich einsetzen, aber auch eurer Ziel nicht aus den Augen verlieren! Zusammenarbeiten und Geschicklichkeit ohne Gewalt sind gefragt.

Anschließend setzt euch mit eurer Partnerin/eurem Partner auf den Boden und sprecht über die Übung und wie es euch dabei gegangen ist.

Wenn es dazu Zeit gibt, kann man die Erfahrungen auch in der Großgruppe ansprechen.

Information

Im Widerspruch agieren, ein Ziel verfolgen, aber auch das gemeinsame Spiel aufrechterhalten, eine Absicht ohne physische

Kraftanwendung umsetzen, die Widersprüche des/der Partners/Partnerin spüren, längeren Kontakt erlauben, Verlangsamung der Bewegungen erlaubt mehr Information und mehr Kontakt. Unterschiedliche Strategien von unterschiedlichen PartnerInnen sowie die eigenen Reaktionen darauf erleben. In der Langsamkeit der Begegnung standhalten.

Namensgeflüster - Name Whisper - Paarübung

Ein sehr stilles Namensspiel, nach dessen Ende man zumindest den Namen von einer Person weiß. Eine Person führt eine andere durch den Raum und durch alle anderen Personen hindurch, indem sie den Namen ihrer/ihres Partnerin/Partners flüstert. Das machen alle Paare gleichzeitig.

Das Spiel erfordert Konzentration (man muss auch darauf achten, dass man selbst nicht in andere Personen hinter seinem Rücken läuft) und Achtsamkeit. Je leiser es gespielt wird desto besser. Nach fünf bis zehn Minuten werden die Rollen ohne zu sprechen getauscht.

Im Anschluss daran kann man zuerst zu zweit und dann in der großen Gruppe darüber reflektieren, wie es einem während des Spiels ergangen ist und wie sich die Raumdimension und die Wahrnehmung insgesamt verändert haben.

Auch die Funktion der/des Leiterin/Leiters ist ein „Name". Um diese Rolle und ihre Position in der Gruppe geht es im folgenden Spiel.

Harald Hahn, Diplom- und Theaterpädagoge, systemischer Berater
www.theatrale-supervision.de

www.harald-hahn.de

Fritz Letsch, 1954 rel päd grad und mal gelernter Schauspieler, über die Theaterpädagogik, die es vorher in der Arbeitsagentur noch gar nicht gab, aber dann auch in der Künstlersozialkasse seit etwa 1982.

Als Gestalt-Coach und Supervisor lernte ich schon in der Ausbildung, dass ich „ein mächtiges Werkzeug" (bayrischer hoher Sozial-Ministeriums-Beamter) hätte, aber die Mächtigen wissen es zu meiden.

Übungshalber können Interessierte sich schon mal einarbeiten:

Bei https://forumtheaterblog.wordpress.com

und bei www.befreiungsbewegung.fairmuenchen.de

bei http://forumtheater.blogspot.de/

und wer auf Facebook ist:

Forumtheater - Home | Facebook

https://www.facebook.com/**Forumtheater**-193468740718349

Hilf, Schwester hilf

Paare stehen eingehängt, nur eines „spielt fangen“, bis sich die / der Verfolgte bei einem anderen Paar einhängt: Die / der nun Dritte am anderen Ende wird nun FängerIn und stürzt sich auf die / den bisherigen Fangenden. Falls gefangen wird, wechseln ebenfalls sofort die Rollen ...

BERLINER SCHRIFTEN ZUM THEATER DER UNTERDRÜCKTEN

Herausgegeben von Harald Hahn

ISSN 1863-2106

1 *Anne Dirnstorfer*
Forumtheater in den Straßen Nepals
Emanzipation jenseits des Entwicklungsdiskurses?
ISBN 3-89821-665-9

2 *Thomas Haug*
'Das spielt (k)eine Rolle!'
Theater der Befreiung nach Augusto Boal als Empowerment-Werkzeug im Kontext von Selbsthilfe
ISBN 3-89821-486-9

3 *Till Baumann*
Von der Politisierung des Theaters zur Theatralisierung der Politik
Theater der Unterdrückten im Rio de Janeiro der 90er Jahre
Zweite, überarbeitete Auflage
ISBN 3-89821-486-9

4 *Jens Clausen, Harald Hahn, Markus Runge (Hrsg.)*
Das Kieztheater
Forum und Kommunikation für den Stadtteil
ISBN 978-3-89821-985-3

5 *Hjalmar Jorge Joffre-Eichhorn*
Wenn die Burka plötzlich fliegt
Einblicke in die Arbeit mit dem Theater der Unterdrückten in Afghanistan
Zweite, überarbeitete und erweiterte Auflage
ISBN 978-3-8382-0472-7

6 *Birgit Fritz*
Von Revolution zu Autopoiese: Auf den Spuren Augusto Boals ins 21. Jahrhundert
Das Theater der Unterdrückten im Kontext von Friedensarbeit und einer Ästhetik der Wahrnehmung
ISBN 978-3-8382-0553-3

7 *Linda Ebbers*
Darstellende Kunst und zivile Konfliktbearbeitung
Das Theater der Unterdrückten als kreative Methode der Konflikttransformation
ISBN 978-3-8382-0566-3

8 *Claus Schrowange*
Art and Conscientization
Forum Theatre in Uganda, Rwanda, DR Congo, and South Sudan
ISBN 978-3-8382-0797-1

9 *Harald Hahn (Hrsg.)*
Theater der Unterdrückten als Mosaikstück gesellschaftlichen Wandels
Einblicke, Ansichten und Projekte
ISBN 978-3-8382-1215-9

Helmut Wiegand (Hrsg.)
Theater im Dialog:
heiter, aufmüpfig und demokratisch

€ 29,90, ISBN 978-3-89821-333-2
322 Seiten, Paperback

Das Theater der Unterdrückten erlebt in Deutschland eine Renaissance, nachdem es jahrelang in sozialpädagogischen Nischen verschwand. Die emanzipatorische Theatermethode, die in sich Kunst, Selbsterfahrung und psycho-soziales sowie (sozial-) politisches Probehandeln miteinander verbindet, will benachteiligten, diskriminierten oder sonstwie unterdrückten Menschen theatrale Ausdrucksmittel übereignen. Die Übertragung von Problemen in die ästhetische Theaterarbeit eröffnet Möglichkeiten der Distanzierung und schafft gedankliche und emotionale Freiräume für die Veränderungen im Alltag oder für gewaltfreie Aktionsformen. Der Sammelband bietet den Leser/innen Beispiele der Umsetzung dieser Idee, die Partei ergreift, anhand von Projekt-, Gruppen- und Workshopberichten im deutschen und europäischen Kontext. Es finden sich auch grundsätzliche Beiträge, u.a. werden die Rolle des Humors sowie partizipative Ansätze im Forumtheater und Aktionstheaterformen diskutiert. Ein weiterer Schwerpunkt des Buches ist die Darstellung der Theater-Arbeit im interkulturellen Kontext. Mehrere Beiträge aus anderen Ländern zeigen, wie verbreitet die Methode ist und wie vernetzt Praktiker/innen in einigen anderen europäischen Ländern (Beispiele: Holland, Österreich, Italien, Kroatien) mit ihr arbeiten.

Theater im Dialog ist ein Buch für die Praxis: Es bietet in 19 Praxisberichten einen großen Fundus an Theatererfahrungen und Übungen zum Ausprobieren. Empfehlenswert für den Baustein Suggestopädie. (DGSL-Rundbrief, 2/2005)

Erhältlich in Ihrem örtlichen Buchhandel, über ibidem.eu oder amazon.de

ibidem-Verlag | Leuschnerstr. 40 | 30457 Hannover
Tel.: +49 (0) 511 2 62 22 00 | Fax: +49 (0) 511 2 62 22 00 | vertrieb@ibidem.eu | www.ibidem.eu

Birgit Fritz
InExActArt
Das autopoietische Theater Augusto Boals

€ 24,90, ISBN 978-3-8382-0223-5
340 Seiten, Paperback

Dieses Praxisbuch stellt einerseits eine umfassende Orientierungshilfe für die Welt des Theaters der Unterdrückten dar, andererseits gibt Birgit Fritz konkrete und sehr praxisnahe Hilfsmittel an die Hand, um beispielsweise einen Basisworkshop für prozessorientierte Theaterarbeit zu gestalten oder um Forumtheater-Stücke zu entwickeln. Birgit Fritz geht ausführlich auf die Arbeitsprinzipien der emanzipatorischen Theaterarbeit und des somatischen Lernens ein, stellt zahlreiche Beispiele für das Leben und die Arbeit von Theatergruppen vor und zeigt faszinierende Möglichkeiten auf, wie das Theater für sozialen Wandel erfolgreich mit gesellschaftlichem und politischem Engagement verbunden werden kann, um so mit künstlerischen Mitteln eine generationenübergreifende, energetisch-friedliche und demokratische gesellschaftliche Entwicklung zu bewirken und zu fördern.

Die Autorin:
Birgit Fritz ist Theateraktivistin und Feldenkraispädagogin sowie Lektorin für transkulturelle Theaterarbeit. Sie beschäftigt sich mit forschendem Lernen und lustvollem Scheitern.

Erhältlich in Ihrem örtlichen Buchhandel, über ibidem.eu oder amazon.de

ibidem-Verlag | Leuschnerstr. 40 | 30457 Hannover
Tel.: +49 (0) 511 2 62 22 00 | Fax: +49 (0) 511 2 62 22 00 | vertrieb@ibidem.eu | www.ibidem.eu

Harald Hahn, Jens Clausen, Markus Runge (Hrsg.)

Das Kieztheater

Forum und Kommunikation für den Stadtteil

€ 19,90, ISBN 978-3-89821-985-3
168 Seiten, Paperback

Das Buch zeigt, wie man Methoden des Theaters der Unterdrückten und des Improvisationstheaters gemeinsam nutzen kann, um eine emanzipatorische stadtteilbezogene Theaterarbeit zu entwickeln. Im Zentrum des Buches wird das dreijährige Projekt Kieztheater aus Berlin Kreuzberg in seinen Entwicklungsschritten, Ausdifferenzierungen und Besonderheiten beschrieben. Herzstück des Kieztheaters ist das Forumtheater. Die Herausgeber schildern vor allem Praxiserfahrungen und zeigen auf, wie Kieztheater für die Stadtteilarbeit produktiv nutzbar gemacht werden kann. Die Beiträge der Gastautoren Professor Gerd Koch, Alice Salomon Hochschule Berlin, und Professor Günter Rausch, Evangelische Hochschule Freiburg, beleuchten theoretische Hintergründe aus Theaterpädagogik und Gemeinwesenarbeit. Darüber hinaus werden Einblicke in das Legislative Theater Berlin gegeben, das erste legislative Theaterprojekt in Deutschland unter Mitwirkung von Bundestagsabgeordneten. Praxisnah verbinden sich in diesem Band Theorie und Reflexion, um Mut zu machen, Kieztheater für die eigene Theaterpraxis aufzugreifen. Eine gelungene Mischung aus Anregung, Reflexion und Praxis.

Berliner Schriften zum Theater der Unterdrückten, Band 4

Hjalmar Jorge Joffre-Eichhorn
Wenn die Burka plötzlich fliegt
Einblicke in die Arbeit mit dem Theater der Unterdrückten in Afghanistan

€ 19,90, ISBN 978-3-8382-0472-7
250 Seiten, Paperback

Theater in Afghanistan – wie kann, wie soll das funktionieren in diesem Land? In einem Land, das sich, je nach Betrachtungsweise, seit 10 Jahren, seit 30 Jahren oder seit über hundert Jahren, seit dem ersten britisch-afghanischen Krieg 1839, mehr oder minder dauerhaft im Krieg befindet, in einem Krieg, der auch als Krieg gegen die Vorstellungen und Kolonialansprüche der westlichen Welt beschrieben werden könnte. Drei anglo-afghanische Kriege, die formale Unabhängigkeit 1919, Königreich, Republik, Kommunismus, Bürgerkrieg, Drogenproduktion, islamische Republik, Osama bin Laden – mittlerweile sind Millionen von Toten zu beklagen, Land und Bevölkerung sind gezeichnet; das Land liegt in vielerlei Hinsicht in Trümmern, auch mit Blick auf die psychische Befindlichkeit der Bevölkerung. Kann hier Theaterarbeit als friedensfördernde Maßnahme eingesetzt werden? Funktionieren die Methoden des Theaters der Unterdrückten (TdU) in der Tradition Augusto Boals auch in solchen Extremsituationen? Hjalmar Joffre-Eichhorn wagte den Versuch und berichtet in diesem Buch von seinen Erfahrungen. Anfängliche Skepsis der afghanischen Teilnehmer wich dabei erstaunlich rasch einer Haltung aufgeschlossener, mitunter sogar begeisterter Mitarbeit. Mit Methoden des TdU lassen sich Traumata aufarbeiten, das TdU stellt – auch in Afghanistan – valide und vor allem gangbare Methoden und Wege bereit, wie eine von schrecklichen persönlichen Ereignissen geprägte Bevölkerung sich mit den eigenen Erlebnissen auseinandersetzt und sich Trost und Menschlichkeit in der Theaterarbeit erschließt, um die eigene, ganz persönliche (Leidens-)Geschichte zu bewältigen. Joffre-Eichhorn schildert das Leben eines Theatermachers, der mit Hilfe partizipativer, auf Emanzipation ausgerichteter Theaterarbeit Menschen einen Raum gibt, erfahrenes Leid körperlich, seelisch und mental zu artikulieren.

Berliner Schriften zum Theater der Unterdrückten, Band 5

www.ingramcontent.com/pod-product-compliance
Ingram Content Group UK Ltd.
Pitfield, Milton Keynes, MK11 3LW, UK
UKHW040024200726
13854UKWH00001B/353

9 783838 212159